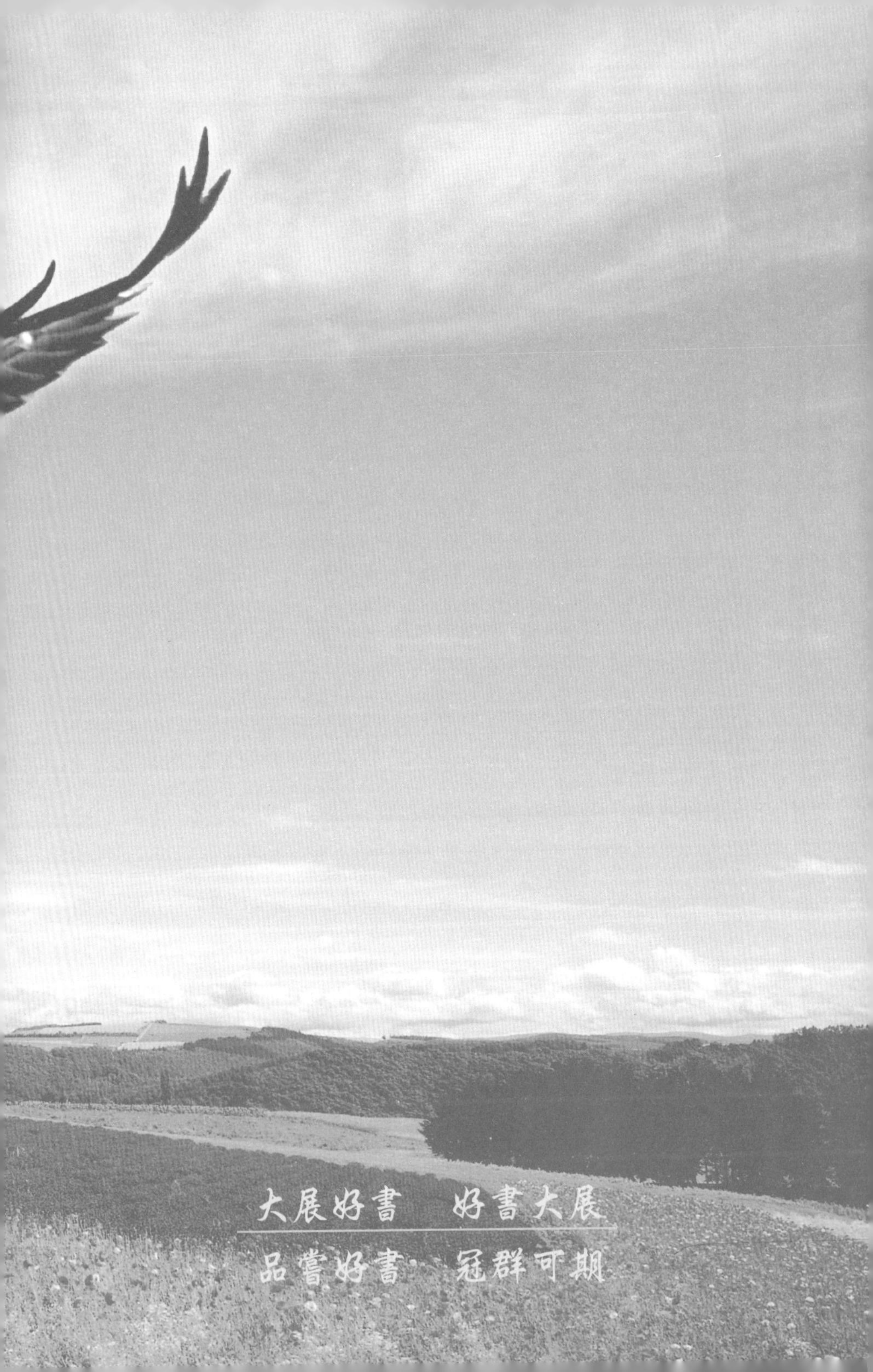
大展好書　好書大展
品嘗好書　冠群可期

大展好書　好書大展
品嘗好書　冠群可期

老拳譜新編 12

太極蘊真

宋史元 著

大展出版社有限公司

陽少陽會於大杼第一椎下兩雱去脊中一寸五分陷中內
抵腰中入循膂絡腎〇難經曰督脉任脉四尺五寸共合九
王啟玄曰臍下乃督脉又太陽之會故也
脈督脈也名曰其終中一寸五分陷中沉陽之都剛任
相連信太陽之會故也
二脉一源古曰督者都也滿陽脈之都剛任
猶天地海底曰陰蹻陽蹻同起跟中
見渾之下乃水溝而相接
後人身之有任
於身之前一行於身之後人身之有任
陽之不離合
佰陽分可以合分之以見陰陽之不離合
火交媾之鄉
居此二高一者也
以奉
日往脊
火交媾之鄉
鏡云上鵠是
其升降之道坎水離火交媾之鄉故
下閉則稱無無者以奉上上有神
崔希范天元入藥鏡云

策劃人語

本叢書重新編排的目的，旨在供各界武術愛好者鑑賞、研習和參考，以達弘揚國術，保存國粹，俾後學者不失眞傳而已。

原書大多為中華民國時期的刊本，作者皆為各武術學派的嫡系傳人。他們遵從前人苦心孤詣遺留之術，恐久而湮沒，故集數十年習武之心得，公之於世。叢書內容豐富，樹義精當，文字淺顯，解釋詳明，並且附有動作圖片，實乃學習者空前之佳本。

原書有一些塗抹之處，並不完全正確，恐為收藏者之筆墨。因為著墨甚深，不易恢復原狀，並且尚有部分參考價值，故暫存其舊。另有個別字，疑為錯誤，因存其眞，未敢遽改。我們只對有些顯著的錯誤之處，做

了一些修改的工作；對缺少目錄和編排不當的部分原版本，我們根據內容進行了加工、調整，使其更具合理性和可讀性。有個別原始版本，由於出版時間較早，保存時間長，存在殘頁和短頁的現象，雖經多方努力，仍沒有辦法補全，所幸者，就全書的整體而言，其收藏、參考、學習價值並沒有受到太大的影響。希望有收藏完整者鼎力補全，以裨益當世和後學，使我中華優秀傳統文化承傳不息。

為了更加方便廣大武術愛好者對古拳譜叢書的研究和閱讀，我們對叢書作了一些改進，並根據現代人的閱讀習慣，嘗試著做了斷句，以便於閱讀。

由於我們水平有限，失誤和疏漏之處在所難免，敬請讀者予以諒解。

楊序

史元同志魯人也，為武技學者，精太極拳。抗戰間會於軍次，以同道故屢相晤談，言次每以國民積弱受異族侵凌為恥，抱發揚國術振我民族尚武精神之志，所到之處，遍設國術館社，以資倡導。

竊謂我國拳術，雖有源流宗派之不同，要皆以鍛鍊體魄制敵禦侮為主旨，然欲求其固精神培元氣，則首推武當之太極拳一術，以其柔內蓄剛不傷元氣。

余自幼從事軍旅，今年逾六旬，終日不倦，向無疾病者賴每日晨昏兩次拳術鍛鍊耳。

近接宋君函，述在青島任職中央海軍訓練團教官，並將生平所學編著《太極蘊眞》一書，以廣流傳。在付梓之先，囑序於余。行見此編風行海內，我民族尚武精神實利賴之，宋君之原償，而宋君之志酬矣。嚮往之餘草此以代序。

中華民國卅五年季冬蜀楊森敬序

陳序

建國之道多端，而國民精神之修養與體格之鍛鍊洵為首要。執此義以倡國術，當為謀國者所樂聞。而國術中尤以太極拳為朝野各級人士所推崇。此拳練之既久有益於個人身心者，實匪淺鮮。夫身體強健，可任鉅負重，使事業卒底於成，精力集中，不僅個人遠大理想能求其實現，即團體生活亦易臻貞固，可使萬衆團結一心，此皆太極拳之易見諸效驗者也。

世界進化，一切勢須依據科學；曾一思鍛鍊體格，又何一悖乎科學原理?美國利用原子能最早，而球賽拳擊之興趣曾不因之稍減，亦可知其中三昧矣。體育之種類固多，然求簡潔純精、身心貫徹、斗室廣場皆可施展者，恐其他體育無此便利耳。

宋子史元魯東牟籍，精深此道，抗戰既畢，由滇來青，返里未果，經本團聘任國術教官。文惠忝列門牆，從事練習，精神日旺，體格日健，誠屬莫大之幸。先生於教授之餘，復以其數十年心得編著《太極蘊眞》一書，內容精詳，拳理明晰，並附姿勢圖照，俾讀者一目了然。茲當該書問世伊始，至盼各界讀者潛心研究，廣為提倡練習，使全民族人人尚武，庶東亞病夫之譏得以雪除，而健身建國之功可立而待。是為序。

中華民國三十五年十月河北定縣陳文惠敬誌於青島中央海軍訓練團

姜序

孟子曰：「我善養吾浩然之氣。」其為氣也，「至大至剛」，苟能時加修養，自強不息，則身強而種強，種強而國亦強矣，一洗東亞病夫之誚，凡今之人其誰敢侮予。故欲強健民族，首須提倡拳術；而拳術中養氣之最善者，莫如太極，其動作純任自然，進退虛實，剛柔分明，善能調養中和之氣。余自幼頗好拳術，而於太極拳徒聞其名未得其術。迨「七七事變」，中原陸沉，人民逃散，余奔走四方，間道入都，路經太華終南峨眉各地，幸遇名師指點，略窺門徑，終以時促緣淺，未及深造。今夏，宋公史元由滇來青，旅邸相逢，談及太極拳術，聆其理論之高超、經驗之宏富，非得異人傳授，曷克臻此？回勸其召生設教，以廣

流傳。數月之間，桃李盈門，名震琴綱，聞者莫不興起。比膺中央海軍訓練團之聘任國術教官，從此長才丕展，教練三軍，異日練成勁旅，揚威海外，太極與有力焉。同人等以為神技秘訣，欲其普及全國，垂範後世，必須筆之於書，以永其傳。宋公鑒求教情殷，慨然允諾，未數月而書成，非學問淵博，技藝精純，能若是乎?余不才，忝任校正之役，自愧疏陋，訛誤恐所難免，尚望同好賜以指正是幸。

中華民國三十五年三秋觀陽姜春霆序於青島客舍

劉序

蓋有健康之精神，始有健康之體魄；有健康之體魄，始有健康之精神。健康之術，固在注意運動，而運動之法名目繁多，實難詳述，舉其要者而言之，即武當少林兩大宗派。武當尚柔和，少林師剛猛。友三自弱冠即重視鍛鍊體魄，對少林派練習五六年，大率剛猛急劇，有傷中和，對於攝生，尤有妨害。後又改習太極拳十餘年，冀有所得，總覺進退轉換凸凹斷續，氣不順隨，是以常歎不得名師親炙為憾事。今春因家鄉不靜，隻身避亂來青，流入難民收容所。忽見報端登載，中央海軍訓練團教官，宋公史元先生於公餘之暇，設太極拳社於旅邸，觸友三所好，幾至廢寢忘食，每欲趨謁，以身為難民，形色自羞久之。終於鼓勇進謁，當蒙吾師不以友三為卑陋之志，即賜收錄，忝列門牆，與諸生一視同仁，感荷之情時縈於心。於是朝夕造社學習，興奮奚似。然師之為人尚義氣，重道德，素以提倡體育、發揚國術為己任，故每日講授指導太極拳行氣之要義，頓悟前所學者，毫釐之差適成千里之謬，終無是處。茲雖研習數月，即覺氣隨勢轉，勢催氣行，暢行周身，無微不至，輕靈活潑，虛實變化，愈研習而愈有興趣也。而今而後始知從前所學太極拳大體雖同，迥非眞髓。緣先生係遊峨嵋山，遇異人指點改正，洞悉其奧義也。今值先生欲以太極拳精義纂修問世，名曰《武當正宗太極蘊眞》，其名稱意義附註歌訣多得自異人，不自珍秘，公諸同好，恐輾轉遞授，懼失盧之眞，故筆之於書，使學者有所遵循。其嘉惠後學之深心，普及體育之意義，可謂至矣。付梓之先，聊弁數言於簡端，願與海內同好諸君共勉之。是為序。

中華民國三十五年九月山東沂水劉友三序於青島難民所

王序

學然後知不足，成、天資不敏，學術淺陋，不自量力，劇談道家運氣之功，愧歉實深。惟數月以來，就教於宋公史元先生門下研習太極拳，得以衣缽相傳，藉通道理。但以愚笨之軀，雖蒙吾師循循教誨，加以人一己百、人十己千之功夫，猶不能洞悉其要旨，實有負先生之厚望焉。吾師公餘之暇編纂《太極蘊眞》行世，其目的在使莘莘學子學成之後，手各一編，不斷研究，使深知太極拳之運用與養氣健魄之功者，而堅毅沉著，謀在社會服務，以盡公民之天職，此即吾師苦心孤旨之意耳。太極拳有四忌十要為規範，總不外乎以柔克剛。凡事遇剛必折柔則軟化，可以順千變，以應萬變，變雖無窮，而理則一也。岳武穆所云：

「運用之妙，存乎一心」，亦可以見矣。且拳似乎硬，運氣之功硬則無補於氣，故運氣之妙法非從丹田內養氣不為功。練太極拳者，能知丹田之氣升降，則處處發於腰間，神貫於頂，否則乃所運之氣難矣。所以太極拳有以太極腰之稱，其意在此。故不用其拳之硬，而用於腰充布於四肢，處處能以柔以不剛，則為上乘大法。吾師所傳者其意亦在此矣。成、不敏，是以勸告諸同學時相共勉。是為序。

中華民國三十五年十月福州王世成謹識於青島中央海軍訓練團

信序

國家之興衰繫於國民體格之強弱，體格之強弱由於各個國民之鍛鍊不鍛鍊耳。如日加操練，精心圖強，則國家一變而成富強，否則任意摧殘，日趨昏弱，而國家可能一轉而成貧弱，故國民體格之強弱與國家之前途實有莫大之關係。所以在我國三民主義立國原則下之國民教育，目的在希望智德體三育平均發展，養成健全的公民。主席也會一再訓示：「今日之國民教育為文武合一之教育。」這都說明國家對於國民體格非常重視。凡我國民自國土重光以來，皆為勝利後之新國民，新國民即負有建國之新任務。欲達到此難巨之任務，須有強健振拔之體魄，故曰：「健全之事業，寓於健全之體格。」即云身體為事業之根本。欲求根深蒂固，必須注意強身之術。其術惟何？即我國操演簡便收效最多之固有

國粹太極拳術。太極拳為武當內家拳之正宗，創自張三峰祖師。其練習時純任自然，不尚氣力，舉止輕鬆，柔內含剛，且以心意為主旨，不畜半點勉強。人人持此而臻上乘，不啻強身禦侮，實能強種強國。益壽延年。而我國民素不注意身體，亦不知鍛鍊為何物，以致未老先衰，故有「東亞病夫」之徽號。值今日之科學進步，而所接觸之事物日益繁雜，如果沒有強健之體格，如何能擔負社會上許多艱巨之工作，又如何能談到為國家服務？吾師宋公文光先生見諸此竭力提倡強身最有效之太極拳一術，不惜任何犧牲，甘願為民族服務，創立太極拳社於青島，希將平生所學貢獻社會，藉展抱負，猶恐學者對太極拳一術不能洞悉奧妙，徹底瞭解，致有毫釐千里之差，故將太極拳之精義及數十年之心得簡明筆之於書，以供後學之參考，俾精心研究者循此而求，庶不至誤入歧途矣。

中華民國三十五年九月河南許昌信祥生序於島上

蔡序

嘗聞太極拳一術為武當正宗，創自張三峰祖師，乃道家修眞之秘訣。蓋以其能培養元氣，固精練神，在國術中稱之曰內功。惜乎國人競尚安逸，對此固有之國粹多漠然視之；況晚近社會人慾橫流，與之所至縱情享樂，久之則元氣耗散，精神萎靡，近百年來積弱日甚，致有「東亞病夫」之譏，良可慨也。觀夫世界人壽比率可知，我國人士之忽視攝生，或謂近代科學昌明，時代巨輪日趨演進，世界列強之所恃以制霸者乃機械之精良，非武技之優長也，我國武術已成落伍，可以休矣。曰：誠然但今所論者，非武技之優劣，乃民族之體魄之強弱也。蓋民族之強弱關乎國家之興衰，欲達民族健全之目的，必自鍛鍊中求之。太極拳術以鬆柔緩和為主要，不尚外形，專培內功，久練則元氣充沛，精神凝固，不惟可以健身強種，且可以卻病延年，至制敵禦侮猶其小焉者也。儀、自幼及壯對於國術素乏研究，然竊慕之，只以環境所限，未得如願。就學年來，為生活驅策奔走南北，身體積弱頗甚。於今春得友人介紹知宋公史元由滇返籍，便道過青，暫設太極拳社於旅邸。當即加入研習，蒙先生諄諄指導，未數月而身體竟轉健壯，即舊有之胃疾亦告霍然，是知太極拳確為健身之妙術，攝生之秘訣。惟以入門未久，其中精奧尚未窺其萬一，不敢忘加評斷。茲值先生編纂《太極蘊眞》一書，創刊伊始，謹贅數語於卷末，以冀與吾同好諸君，互相砥礪，共躋健康之境，斯為幸矣。

中華民國三十五年十月丹生蔡儀庭氏序於青島養心盧

張序

夫、我國武術歷代遞傳，何止千百餘年，只以宗派不一，故形式名稱亦因之異然。祖師發明之初，總不外乎鍛鍊體魄護身禦侮之旨，雖有內外長短之分，究諸實際各有其功用，不過求其固本培元、童叟咸宜、運化先天之元氣、以補後天之不足，則首推太極拳。蓋以其動作時鬆柔緩和，渾然一氣，取自然為主要，以剛猛為禁忌，久之則精固神會，元氣充沛，非惟挫敵禦侮，實有卻病延年之功。吾師宋史元先生對於太極拳術研究有素，自抗戰軍興隨軍入川，歷訪明師，頗有心得。今春由滇返籍過青，設太極拳社於旅邸。得同學諸君之薦，蒙吾師悉心教授，雖未得窺堂奧，然已體驗此術確有健身之功。惜乎社會人士習於安逸，只圖目前之享樂，坐令體格之衰弱，亦大可哀矣！且精於此術者多秘而不傳，吾師有鑑於此，爰將生平所學筆之於書，名曰《太極蘊眞》，猶恐闡述之不詳，再附之以圖考，俾使後學者按圖索驥，循序漸進，其有助於社會，厥功偉矣。欣幸之餘，謹獻數語，以為視云爾。

中華民國三十五年十月河北廣川張鑒如序於琴島旅次

郝序

民國三十五年春，旅居琴島，延患時疫，經一月餘中西醫治，始得痊癒，但體力衰弱，精神頹靡，深感體魄健康之需要，而苦無強身之術。適逢宋公史元先生抗戰歸來，卜居旅邸，教授太極拳術，遂投刺往謁拜門牆焉。時在五月二十五日也。

自此即朝暮習練，窮理研機，力求盡善。凡四閱月，漸覺體力健壯，精神煥發，私慾消失。

曾幾何時，效力若此，倘能持之以久，內外兼修，運之以恒，神體並練，則卻病延年自在意中。

況拳勇之技，我國居世界之冠，而太極之術，吾師復得武當眞傳，故早蘊著書，提倡此數千年來固有之國粹，輒因事中止未能如願。

今吾師下最大之決心，將十數年之經驗，及人所不道之奧妙悉筆之於書，並將拳架攝影附入，俾後學中循此而求，庶不至誤入歧途矣謹序。

中華民國三十五年十一月都昌郝永盛書於青島

自序與緣起

夫太極拳者，乃道家煉氣固精之妙術，修心養性之秘訣，日常習之，非惟可以健強筋骨，實有卻病延年之功。蓋以丹田眞氣運行於四肢，如江河之水暢流不息；又如日月之循環週而復始，取柔和禁剛猛，運脾胃固腰腎，氣血活而經絡舒，此為太極拳綱領之概要，故稱太極拳曰內功，良有以也。余自幼年家傳武技，而於太極拳一門尤感興趣，三十年來未嘗稍懈，即在戰前服務軍界，亦必於公餘之暇朝夕研習。自七七變起，敵寇迫進京滬，隨軍入川，偶遊峨嵋，得遇異人（遵囑固隱其名）指點，始悟過去所學謬誤尚多，並未得其眞髓。情懇指正，方蒙傳授個中秘竊。日夜研習，內容精奧無窮。二十九年奉調至湘衡，公餘創辦衡陽民衆國術訓練班；三十二年創辦醴陵精武國術體育部，三十三年

日寇陷湘衡，隨軍南撤經桂黔等省至滇，駐防曲靖，復創曲靖市精武國術社。於勝利後攜眷北歸，返里省視。今春抵青，因原籍匪氛未靜不得歸，咫尺天涯不能團聚，感傷奚如。茲經衆友提議，暫設太極拳社於旅邸，復承中央海軍訓練團聘為國術教官，於無聊之餘默思吾魯本為文化發源之地，國術歷代相傳未替，惜被倭寇佔據後仇視武術，以圖弱我民族，年來摧殘殆盡。爰經諸友生請求，願將余之所學筆之於書，以為範本，使後學者循序修習，庶不致有魯魚之訛，亦未始非健全民族之一助也。余思維再三，始允所請。但所愧者學術淺薄，文理簡陋，誠恐於拳術注釋說明等處難免不有掛一漏萬、意義不通之弊，況世上流行之太極拳式何止數十種，蓋傳授不一，勢難雷同，惟望海內同寅及有識之士與同好諸君多加指正，是為幸矣。

中華民國三十五年九月山東牟平宋史元序於青島中央海軍訓練團

目錄

太極蘊真理論

第一章

張三峰先師傳略

先師遼東懿州人也，張姓，全名字君寶，道號三峰，宋末年人。生有異質，龜形鶴骨，大耳圓目，身長七尺餘，修髯如戟，頂作一圓髻，常戴偃月冠，不飾邊幅，寒暑惟一衲一蓑。手執拂麈，日行千里，或避穀數月不食，談笑自若；或一啖升斗輒盡，世皆稱謂邋遢仙，後即有張真人之稱。延祐年間入中岳嵩山，遇呂純陽鄭六龍，得先天道，又入終南山得火龍真人金丹術，秦淮漁戶沈萬山樂善好施，真人遊戲大道三昧以點金術傳之。元末居寶雞金台觀，自言辭世，留頌而逝。士民楊軌山

置棺殮訖，臨窆復生，自此入蜀至太和山，結茅於玉虛庵前古木五株下，常棲其中，猛獸不傷，鷙鳥不搏，眾皆驚異。

有人問經史則論說不倦，問仙術絕口不答。後入湖北武當山，因觀蛇鵲之鬥悟陰陽剛柔之理，發明太極拳術。世傳太極拳術乃三峰祖師所傳，故有武當正宗之稱也。

太極拳養氣健體大綱

人之有生，備五官百骸之軀，具聖智中和之德，所繫非細也。如不加葆攝，恣其戕傷，使中道而夭橫，負天地之賦畀，辜父母之生，成不祥孰大焉？且人為萬物之靈，要當節慾所好，當建非常之事業，以盡為人之天職。若一日大事臨身，非有健強之體魄不足以擔當宇宙。況今日世界中之光怪陸離百出時代，不樂於珍攝則一切不足與道也。昔武當丹士張三峰有鑒及此，按大周天三百六十五度為之體，五行八卦為之用，以丹功運用於拳法，有百益而無一害。如人之身軀有三百六十五節，合天體三百六十五度，頭為全身首領中樞，設於百會，心為君主，命門為手，以相股肱。有事中樞先知，股肱輔導，君主領事全身，故心主靜，腎主動。如心血虛則動必心悸，氣常上浮，則神不守舍，便失君人之度；再腎水虧則元氣不足，四肢必呈疲備之狀，便失股肱之用，維日服參苓亦未必奏見功效。思維有益於心腎，厥惟太極拳之能事。太極拳可以養氣並健體魄，其功效之大自能奪天地之造化，其無為之理而生陰陽之義，順人身自然之性抉陰陽之奧妙，隨動靜之機將納氣入於丹田，得則功夫既久，使吾人身中丹田之氣日足塞乎五官百骸之內，則神清氣爽，息息歸根，命之蒂也。

觀其動靜之理，靜則虛。若無物動則足以制強，是以剛柔之分，此

自無而有之，煉精而化氣，煉氣而化神，煉神而還虛；此自有而無之，若一旦融會貫通而浩然之氣充暢，則水到渠成，運用於各事業上無不圓滿，以償大綱之為旨不外乎此矣。

太極拳科學說

太極拳者非神秘怪誕之術也。舉人一身而方，乾為首，坤為腹，腰為太極；太極生兩儀，兩儀即脊骨兩旁之大筋，曰兩儀筋，人身發力之樞機，通於四肢八節，即四象八卦也。乃人身體具備之形，藉此為自然運動之法，因其動作活潑而自然，故能使身體健康，精神充足；因其技術奧妙，且可增進自衛之能力，其動作上下左右並重，平均發達，而腹部因運動自然可以助消化，身體因以健康，故太極拳實用衛生之科學也。太極拳與外家拳不同，外家拳剛猛疾烈，內家拳慢柔勻和，外示凡

庸之形，內練精氣神。太極術解為一氣渾淪，空空洞洞，無思無慮，以心行氣，以意為主，不作半點勉強態度，學者須在此中求研究，深得太極拳自然之氣矣。

太極拳修養論

太極者不僅為鍛鍊體格，而對於心性之修養尤其有莫大之功效。體質虛弱都因內不加修外不知養以致，陰陽不和，內外不一，陽盡陰生，陰極必蔽，發生種種毛病。太極拳動作不是一部份的運動，而是周身運動；不是剛烈運動，而是柔和運動，是人身體自然運動。其動作主要在腰部，手出而肘墜，順中有逆，逆中有順，虛中有實，實中有虛，呼吸順遂，氣貼脊背，循環無端，雖動猶靜，意在蓄神，不在聚氣。氣聚則順，不能運化周身，則失去修養之效。

太極拳三字訣

三字訣者：鬆、固、凝。何謂鬆？腰要鬆。何謂固？氣要固。何謂凝？神要凝。若能腰鬆氣固神凝，則中心達到矣。腰鬆者身體鬆，不用濁力。其有開展舒暢，緊束才能自然。以見濁力則動作笨拙，失掉鬆字之意，初步工夫不能達到矣。

氣固者把元氣納入丹田，不使上浮，久練則丹田氣足，達到虛靈實腹之境，第二步工夫達到矣。神凝者演式時兩眼要銳利，圓轉注視，如雙龍戲球上下左右顧盼，使精氣神合一，第三步工夫達到矣。

無極太極說

原夫無極者抽象言之，即是渾然一體，無形無象，無聲無臭，充塞

宇宙，渾圓運行之大氣也。先師參透太極，負陰抱陽，悟徹逆運之理法，大氣自然運行之變化，一舉一動無不是自然而然歸於法則；歸於法則恰好成其自然，以是取天體演成太極拳法教人，由後天反先天復本歸原，使天下豪傑知養神攝生之妙用，延年益壽之學耳，造福人群豈淺鮮哉。觀夫太極拳往來無端倪，如流水滔滔之不絕，一任其自然變化萬端而理為一貫，然總不外乎陰中負陽，陽中有陰；陰陽相蕩，剛柔相摩，生生變化之理無窮矣，故曰一生二，二生四，四生八，推而至於萬端，是順其往而數之也。數往者順，知來者逆，推太極以至無極，逆其所從來而知之也。故易曰知來者逆亦即示人，以無聲無臭之本源而歸於無極也。

太極拳五形八卦說

太極拳之創始取河洛之理，假後天之形，不用後天之力，一動一靜

純任自然，以養氣血，意在練穀化精，練精化氣，練氣化神耳。其中本一理二氣三才四象五行六合七星八卦九宮奧義，始於一終於九，九又還一理，數之循環也。一理者起點腹內中宮之氣，太極也。二氣者一動一靜兩儀也。三才者上中下也。四象者前後左右也。五行者進退顧盼定也。六合者神合其精，精合其氣，氣合其力，內三合也；眼與手合，手與足合，肘與膝合，外三合也，內外相合此為六合。七星者頭肩手肘胯膝足七部七星也。八卦者掤攦擠按採挒肘靠。八法加中定九宮也。以八卦九宮為之緯，以七星六合為之用，以五行四象為之體，以三才二氣為之形，順陰陽之自然創此太極拳。

太極拳五行八卦方位圖說明

太極拳五位八方，由首至尾，悉本易理推演至大攦之方位，則燦爛

絢目究境莫測。故坎離震兌四正方，太極拳手法掤擺擠按屬焉。乾坤艮巽四斜方，採挒肘靠屬焉。且正為正斜為奇，奇正相生變化不可勝窮矣。太極拳之步法有五位，進退顧盼定恰合金木水火土五行，五行又俱生剋之理，藉以說明相合之點。故心為離火，火曰炎上，有一

太極拳五行八卦方位圖

發即至之意，故進步合離火。腎為坎水，水曰潤下，平則停，順則隨，故退步合坎水。目向左顧屬肝木，木位在震，震東方也，故左顧合震木。目向右盼屬肺金，金位在兌，兌西方也，故右盼合兌金。中定屬脾土，土位中央，圓滿豐厚，萬物資生，故中定合中土。且太極拳之姿式動作具備五行生剋之理，八卦陰陽之妙，故靜如處女，動若脫兔；進步如雷霆，退步似流星；左顧右盼，上下左右無不貫通焉。

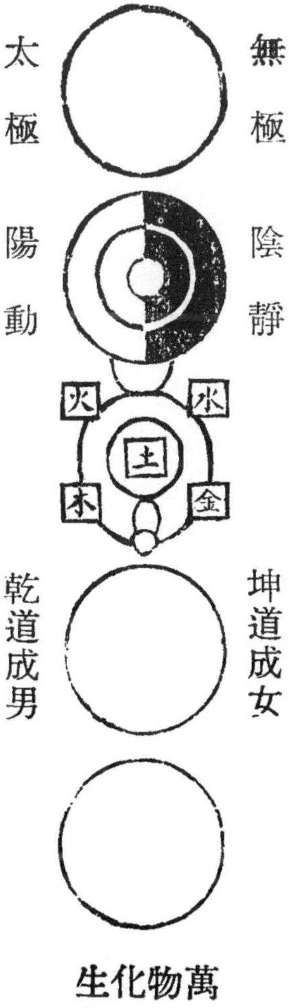

周子太極圖

第二章

太極拳經

太極兩儀，天地陰陽。闔闢動靜，柔之與剛。屈伸往來，進退存亡。一開一合，有變有常。虛實兼到，忽見忽藏。健順參半，引進精詳。或收或放，忽弛忽張。錯綜變化，欲抑先揚。必先有事，勿助勿忘。真積力久，質而彌光。勇虛有象，出入無方。神以知來，智以藏往。賓主分明，中道皇皇。經權互用，補短截長。神龍變化，疇測汪洋。沿路纏綿，靜運無慌。肌膚骨節，處處開張。不先不後，迎送相當，前後左右，上下四旁。轉接靈敏，緩急相將。高擎低取，如願相償。不滯於跡，不涉於虛。

至誠（即太極之理氣）運動，擒縱由余。天機活潑，浩氣流行。佯輸詐敗，制勝權衡。順來逆往，令彼莫測。因時制宜，中藏妙訣。上行下打，斷不可偏。聲東擊西，左右威宣。寒往暑來，誰識其端。千古一日，至理循環。上下相隨，不可空談。循序漸進，仔細研究。人能受苦，終躋渾然。至疾至迅，纏繞迴旋。離形得似，何非月圓。精練已極，極小亦圈。日中則昃，月滿則虧。敵如詐誘，不可緊追。若踰界限，勢難轉回。況一失勢，雖悔何追。我守我疆，不卑不亢。九折羊腸，不可稍讓。如讓他人，人立我跌。急與爭鋒，能上莫下。多占一份，我據形勝。一夫當關，萬人失勇。拈連粘隨，會神聚精。運我虛靈，彌加整重。細膩熨帖，中權後勁。虛籠詐透，只為一轉。來脈得勢，轉關何難。實中有虛，人已相參。虛中有實，孰測機關。不遮不架，不頂不延（遲也）。不軟不硬，不脫不沾。突如其來，人莫知其。所以以然，只覺如風。摧倒跌翻，絕妙靈

境。難以言傳，試一形容。手中有權，宜輕則輕。斟酌無偏，宜重則重。如虎下山，引視彼來。進由我去，來宜聽真。去貴神速，一窺其勢。一覘其隙，有隙可乘。不敢不入，失此機會。恐難再得，一點靈境。為君指出，至於身法。原無一定，無定（雖說無定）有定（自有一定）。在人自用，橫豎顛倒。立坐臥挺，前俯後仰。奇正相生，迴旋倚側。攢躍皆中（皆有中氣放收宰乎其中），千變萬化。難繪其形，氣不離理。一言可罄，開合虛實。即為拳經，用力日久。豁然貫通，日新不已。自臻神聖，渾然無跡。妙手空空，若有鬼神。助我虛靈，豈知我心。只守一敬。

太極拳權論

中氣（即太和之元氣，不偏不倚，無過無不及）貫足，精神百倍（十年用功十年養氣）。臨陣交戰，切忌先進。如不得已，淺嘗帶引。靜以待

動，堅我壁壘。堂堂之陣，整整之旗。有備無患，讓彼偷營。一引一進。奇正相生。佯輸詐敗，反敗為功。一引即進，轉（轉者從引而忽轉之）進如風。進至七分，即速停頓。兵行詭計，嚴防後侵（前後皆是敵人）。前後左右，俱要留心。進步莫遲，不直不遂。足隨手運，圓轉如神。忽上（足手向上）忽下（手足向下），或順（用順纏法其精順）或逆（用倒轉法其精逆）。日光普照，不落邊際（以上是人侵我）。我進擊人，令其不防。彼若能防，必非妙手（四句我侵）。大將臨敵，無處不慎。任他圍繞，一齊並進。斬將搴旗，霸王之真。太極至理，一言難盡。陰陽變化，存乎其人，稍涉虛偽（學思並用須下實在工夫），妙理難尋。

太極拳身心論

太極拳一術雖是小道，未嘗不可即小以見大，故上場不可視為兒

戲。此身必以端正方為正體，不可跛倚歪斜。況此術全是以心運手，以手領肘，以肘領身，而身自有之本位。論則身領乎手，論要手則以手領身身。雖時有歪斜，而內寓中正之意，不可拘執。人為萬物之靈，心為一身之主，心一動而五官百骸皆聽命焉。如心不在焉，則視不見聽不聞。況打拳一道，人皆不知皆由太極而發，其外面之形跡與裡面之精義往往視拳為勢是。拳勢理路不能合到一處是不知由理而發於勢，故不知運勢者氣也。

太極拳意志論

意者心之意思也。心之所發謂之意。意發於心傳於手，極有意致，極有神情。心之所發者正，則手之所形者亦正；心之所發者偏，則之所形者亦偏。如人平心靜氣，則手法身法自然端正；如或急切慌張，或怠慢舒緩，則手這所形莫不側倚必也。躁釋矜平，而後官骸所形自中規矩，實理貫注於其間，自無冗雜間架，即有時身法偏斜，是亦中正之偏。偏中有正具有真意，其纏綿意致非同生硬挺霸。流於硬派，此其意一則由理而發，一則由氣而練。若硬手純是練氣練成，亦能打死人，但較之於理究竟低耳。故吾之意可知，而彼之意可想。

學者所當留心體會其意之所發。心之所發謂之志，凡人貴立志，不立志則一事無成，終居人下。如能立志，則所有條理自始至終層層折折，終能究其底蘊，故曰有志者事竟成，不然者敗矣。

太極拳理氣論

理者，天地之節文，人事之儀則也。順其性之自然，行其事之當然，合乎人心之同然，而究乎天理之所以然。一開一合絕無勉然，一動一靜恰合天然，此吾道之粹然。何謂氣？即天行健一個「行」字。天體至

健，而所行此健者氣也不滯。不息不乖不離不偏不倚即是中氣；加以直養無害工夫，即是正氣，即孟子所謂浩然之氣。一拂氣之自然參以橫氣，則生硬橫中，勢難圓轉自如，一遇靈敏手段，自覺束手無策。進欲不能，欲退不敢，但聽他人發而已，鈍何如也。所以不敢徒恃血氣而並參以橫氣。

太極拳情景論

理與氣發於外者為情人之交接往來，則曰人情文之抑揚頓挫；則曰文情打拳之欲抑先揚。欲揚先抑其間天機活潑，極有情致。拳無情致，如木偶，如死蛇塌地有何景致，又安見其生龍活虎哉？願學此拳者不可無情致也。至於與人交手，斷不可看人情。一看人情，則人之無情即加我矣。一片神行之謂景，其開合收放委宛曲折是為之景。不離情猶情之不離理相連故也。心無妙趣，打拳亦打不出好景致。問何以打出景致，始則遵乎規

矩，繼則化乎規矩，終則神乎規矩。在我打得天花亂墜，在人自拍案驚奇；裡面有情，外面有景，心怡神暢，拳之景致至此可以觀矣。

太極拳神化論

神者，精氣發生於外而無難澀之弊之靈氣也。天地間無論何物，精神足則神情自足。在人雖存乎官骸之中，實溢乎官骸之外，大約心手俱到則有神，無神則死煞不活，不足動人。神之在人，不止於眼而要於眼則易見。故打拳時不可邪視，必隨手往。還如打單鞭，眼注於左手發端處，隨住左手徐徐而行至單鞭打完，即注於中指甲上，不可妄動。打指襠錘，眼注於下。打退步跨虎，眼注於上。大抵上下四旁某處，當今則眼神注某處。此是大規矩。亦有神在於此而意反在於彼者，此正所謂大將八面威風，必眼光四射而後威風八面。處處有神也。打拳之道，本無此

勢而創成此勢，此即自無而有，何其神也而況神乎？其神何？莫非太極之所發而運者乎。打拳至此已入室矣。動靜緩急，運轉隨心，何患滯澀而無情乎？化也者，化乎規矩也。化之境有二：有造化，有神化。造言其始，化言其終。孔子七十，從心所欲，不踰矩是也。打拳熱而又熱無形跡，可擬如神龍變化捉摸不住，隨意舉動自成法度，莫可測度。技至此真神品矣。太極之理發於無端成於無跡，無始無終，活盤托出噫觀止矣。拳雖小道，即小以可見大，蓋以此拳豈易言哉。

太極拳論

一舉動，周身俱要輕靈，尤須貫串。氣宜鼓蕩，神宜內斂，無使有凸凹處，無使有斷續處。其根在腳，發於腿，主宰於腰，形於手指。由腳而腿而腰，總須完整一氣，向前退後，乃得機得勢。有不得機得勢處，身便散亂，其病秘於腰腿求之。上下前後左右皆然。凡此皆是意，不在外面。有前即有後，有左即有右，有上即有下。如意向上，即寓下意，若將物掀起而加以挫之之力，斯其根自斷，乃壞之速而無疑。虛實宜分清楚，一處自有一處虛實，處處總此一虛實，周身節節貫串，無令絲毫間斷耳。長拳者，如長江大河滔滔不絕也。太極拳者，無極而生，陰陽之母也。動之則分，靜之則合。無過不及，隨屈就伸。人剛我柔謂之走，我順人背謂之黏。動急則急應，動緩則緩隨，雖變化萬端，而理為一貫。由著熟而漸悟懂勁，由懂勁而階及神明，然非用力之久，不能豁然貫通焉。虛靈頂勁，氣沉丹田；不偏不倚，忽隱忽現；左重則左虛，右重則右杳；仰之則彌高，俯之則彌深；進之則愈長，退之則愈促；一羽不能加，蠅蟲不能落；人不知我，我獨知人，英雄所向無敵，蓋皆由此而及也。斯技旁門甚多，雖勢有區別，概不外乎壯欺弱，慢讓快

耳。有力打無力，手慢讓手快，是皆先天自然之能，非關學力而有為也。察四兩撥千斤之句，顯非力勝；觀耄耋能禦眾之形，快何能為。立如秤準，活似車輪；偏沉則隨，雙重則滯。每見數年純功不能運化者，率皆自為人制，雙重之病未悟耳。若欲避免此病，須知陰陽，黏即是走，走即是黏；陰不離陽，陽不離陰；陰陽相濟，方為懂勁。懂勁後愈練愈精，默識揣摩，漸至從心所欲。本是捨己從人，多誤捨近求遠，所謂差之毫釐，謬之千里，學者不可不詳辨也。此論句句切要，並無一字敷衍陪襯，非有夙慧不能悟也。先師不肯妄傳，非獨擇人，亦恐枉費時間耳。

太極拳十三勢

十三勢者，掤攦擠按採挒肘靠，此八卦也；進退顧盼定，此五行也。掤攦擠按，即坎離震兌四正方也。採挒肘靠，即乾坤艮巽四斜角

也。進退顧盼定，即金木水火土也。

十三勢行功心解

以心行氣，務令沉着，乃能收斂入骨。以氣運身，務令順遂，乃能便利從心。精神能提得起，則無遲重之虞；意氣須換得靈，乃有圓活之妙，所謂變轉虛實也。發勁須沉著鬆淨，專主一方；立身須中正安舒，支撐八面。行氣如九曲珠，無微不至；運勁如百煉鋼，何堅不摧。形如搏兔之鵠，神如捕鼠之貓。靜如山岳，動若江河。蓄勁如張弓，發勁如放箭。曲中求直，蓄而後發，力由脊發，步隨身換。收即是放，放即是收。斷而復連，往復須有折疊，進退須有轉換。極柔軟然後極堅剛，能呼吸然後能靈活。氣以直養而無害，勁以曲蓄而有餘。心為令，氣為旗，腰為纛，先求開展，後求緊湊，乃可臻於縝密矣。

又曰，先在心，後在身，腹鬆淨氣斂入骨，神舒體靜刻刻在心。切記一動無有不動，一靜無有不靜。牽動往業來，貼脊斂入脊骨。內固精神，外未安逸，邁步如貓行，運勁如抽絲。全身意在精神不在氣，在氣則滯。有氣者無力，無氣者純剛。氣如車輪，腰似車軸；似鬆非鬆，將展未展；勁斷意不斷，藕斷絲亦連。

十三勢總歌

十三總勢莫輕視　命意源頭在腰際　變轉虛實須留意
氣遍身軀不少滯　靜中觸動動猶靜　因敵變化示神奇
勢勢存心揆用意　得來不覺費工夫　刻刻留心在腰間
復內鬆靜氣騰然　尾閭中正神貫頂　滿身輕利頂頭懸
仔細留心向推求　屈伸開闔聽自由　入門引路須口授

工夫無息法自修　若言體用何為準　意氣君來骨肉臣
想推用意終何在　益壽延年不老春　歌兮歌兮百四十
字字真切義無遺　若不向此推求去　枉費工夫貽歎息

打手歌

掤握擠按須認真　上下想隨人難進　任他巨力來打我
牽動四兩撥千斤　引進落空合即出　粘連黏隨不丟頂
又曰：彼不動，己不動；彼微動，己先動。似鬆非鬆，將展末展，
勁斷意不斷。

八字歌

掤握擠按識者稀　十個藝人十不知　若能輕靈並堅硬

粘連黏隨俱無疑　採挒肘靠更出奇　行之不用費心思
果得粘連黏隨意　得其環中不支離

功用歌

輕靈活潑求懂勁　陰陽相濟無滯病
若得四兩撥千斤　開合鼓蕩主宰定

八法解歌

其一

掤勁作何解　如水負行舟　先實丹田力　次緊頂頭懸
全身彈簧力　開合一定間　任有千斤力　飄浮亦不難

其二

攦勁作何解　引導使之前　順他來勢力　輕便不丟頂
力盡自然空　丟擊任自然　重心自維持　莫被他人乘

其三

擠勁作何解　有時用兩方　直接單純意　迎合一動中
間接反應力　如救撞壁還　又如錢投鼓　躍然聲鏗鏘

其四

按勁作何解　運用似水行　柔中遇剛強　急流勢難當
遇高則澎滿　逢窪向下潛　波浪有起伏　有孔無人入

其五

採勁作何解　如權之引衡　任你力巨細　權後知輕重
輕移至四兩　千斤亦可秤　若問理何在　槓桿之作用

其六

挒勁作何解　旋轉似飛輪　投物於其上　脫然擲尋文

君不見漩渦　捲浪若文縲　落葉墜其上　倏爾便沉淪

其七

肘勁作何解　方法有五行　陰陽分上下　虛實須辨明

連環勢莫當　開花捶化凶　六勁融通後　運用始無窮

其八

靠勁作何解　其法分肩背　斜飛勢用背　肩中還有背

一旦得勢乘　轟然如倒踼　仔細維中心　失中便無功

內功歌訣

其一

順項貫頂兩膀鬆　來挒下氣把襠撐
胃因開勁兩捶掙　五指抓地上彎弓

其二

舉動輕靈神內斂　莫教斷續一氣研
左宜右有虛實後　意上寓下自天然

其三

拿住丹田練內功　哼哈二氣妙無窮
動分靜合曲伸就　緩應急隨理貫通

其四

忽隱忽現進則長　一羽不加至道藏
手慢手快皆非似　四兩撥千運化良

其五

掤攦擠按四正方　採挒肘靠斜角成
乾坤震兌乃八卦　進退顧盼定五行

其六

極柔即剛極虛靈　運若抽絲處匕明
開展緊湊乃縝密　待機而動如貓行

太極拳十要

㈠虛靈頂勁　頂勁者，頭容正直，神貫於頂也。用力則項強，氣血

不能流通。須有虛靈自然之意。非虛靈頂勁，則精神不能提起也。

(二)含胸拔背 含胸者，胸略內含，使氣沉於丹田也。胸忌挺出，挺出則氣擁胸際，上重下輕，腳跟易於浮起。拔背者氣貼於背也。能含胸則自能拔背，能拔背則能力由脊發，所向無敵也。

(三)鬆腰 腰為一身之主宰。能鬆腰然後兩足有力，下盤穩固。虛實變化皆由腰轉動，故曰命意源頭在腰際。有不得力處，必於腰腿求之也。

(四)分虛實 太極拳術以分虛實為第一義。如全身皆坐在右腿，則右腿為實，左腿為虛；全身坐於左腿，則左腿為實，右腿為虛。虛實能分而後轉動輕靈，毫不費力，如不能分則邁步重滯，自立不穩而易為人所牽動。

(五)沉肩墜肘 沉肩者，肩鬆開下垂也。若不能鬆垂，兩肩端起，則氣亦隨之而上，全身皆不得力矣。墜肘者，肘往下鬆墜之意。肘若懸起，則肩不能沉，放人不遠，近於外家之斷勁矣。

㈥用意不用力　太極論云此拳是用意不用力。練太極拳，全身鬆開，不使有分毫之拙勁，以留滯於筋骨血脈之間，以自縛束然後能輕靈變化，圓轉自如。或疑不用力，何以能長力？蓋人身之有經絡，如地之有溝洫，溝洫不塞而水行，經絡不閉而氣通。如渾身僵硬充滿，經絡氣血停滯轉動不靈，牽一髮而全身動矣。若不用力而用意，意之所至氣即至焉。如氣血流注日日貫輸，周流全身無時停滯，久久練習則得真正內勁，即太極拳論中所云極柔軟然後極能堅剛也。

㈦上下相隨　上下相隨者，即太極論中所云其根在腳，發於腿，主宰於腰，形於手指，由腳而腿而腰，總須完整一氣也。手動腰動足動，眼神亦隨之動，如是方謂上下相隨。有一不動即散亂矣。

㈧內外相合　太極拳所練在神，故云神為主帥，身為驅使，精神能提得起，自然舉動輕靈。架子不外虛實開合。所謂開者，不但手足開，心意亦與之俱開。所謂合者，不但手足合，心意亦與之俱合。能內外合為一氣，則渾然無間矣。

㈨相連不斷　外家拳術，其勁乃後天之拙勁，故有起有止有續有斷，舊力已盡，新力未生，此時最易為人所乘。太極用意不用力，自始至終綿綿不斷，週而復始循環無窮，原論所謂如長江大河滔滔不絕。又曰運勁如抽絲，皆言其貫串一氣也。

㈩動中求靜　外家拳術以跳躑為能，用盡氣力，故練習之後無不氣喘者。太極以靜御動，雖動猶靜，故練架子愈慢愈好。慢則呼吸深長，氣沉丹田，自無血脈澎脹之弊。學者細心體會，庶可得其意焉。

太極拳四忌

㈠**忌用力蓄氣**　太極拳自始至終毫不用力。用力則剛，用氣則滯；剛則易折，滯則氣逆。

㈡**忌挺胸踼腰**　挺胸則氣滿胸塞，上重下輕。踼腰則氣不下行，難歸丹田。

㈢**忌聳肩縮頸**　肩聳則氣停，不能達於掌指。縮頸則失虛靈頂勁之旨，精神不能振刷。

㈣**忌動作停滯**　動作停滯則內外不合，失氣貫周身之效。

太極拳十六關

十六關者蹬之於足，行之於腿，縱之於膝，活潑於腰，靈通於背，

神貫於頂，法行於氣，運之於掌，通之於指，斂之於髓，達之於神，凝之於耳，息之於鼻，渾噩於身，呼吸往來於口，全體發之於毛。

心會論

腰脊為第一之主宰　喉頭為第二之主宰　心地為第三之主宰

丹田為第一之賓輔　指掌為第二之賓輔　足掌為第三之賓輔

周身大用論

心性與意靜，自然無處不輕靈。遍體氣流行，一定繼續不能停。

喉頭永不拋，問盡天下眾英豪。大功因何得，表裏精粗無不通。

二十字歌訣

披閃擔搓歉　黏隨拘拿扳　軟掤摟摧掩　撮墜續擠攤

披　分也，開也，裂也。在太極拳中由側方分進曰披。

閃　側身避之謂之閃，瞥然一見謂之閃。在太極拳中不頂而側讓，不丟而黏隨為閃。非全空也。

擔　負也，任也。在太極拳中任敵襲擊，待其將著身時，負其攻勢，下鬆以化其勁，曰擔。並非擔擋敵人之擊，或擔出敵人之手足也。

搓　手相磨也。在太極拳中我之手腕臂肘與敵之手腕臂肘相摩擦，試其勁之去向，敵進我隨之退，敵退我趁勢進攻，黏粘不脫中含圓滾之意。

歉　不足也，能仄不盈，試敵之為也。出手不可太滿，否則一發無

餘，非太極矣。

黏　相著也，膠附曰黏。在太極拳中纏繞不脫，不即不離，人背我順，隨機變化。

隨　從也，順也。在太極拳中敵為主動，我為被動，循其後而行，所謂人步亦步，人趨亦趨也。

拘　執也，取也。在太極拳中乃趁勢拘住敵人手足臂腕而繫之也。

拿　擒也，拿引也。在太極拳中擒取敵人各部曰拿，攫點敵人脈穴曰拿，順勢牽引亦謂之拿。

扳　挽也，牽制也。在太極拳中以挽敵人各部為扳，順勢牽制敵人各部亦曰扳。

軟　柔也。在太極拳中不許用拙力而聽其天然之黏粘力，用以探敵之勁。

掤　架也，托也。在太極拳中由下而上掤架敵手，使不得著我，曰掤。

摟　曳也，握持也，或曳抱敵人之手腕膀臂，使不得脫，曰摟。

摧　折也，挫也。在太極拳中能摧剛折柔，乘勢以挫敵銳，曰摧。

掩　庶也，蓋也。在太極拳中遮避而襲敵，曰掩，閉守敵攻，掩護以化其勁，亦曰掩。

撮　取也。在太極拳中以手指取敵各部，或點其穴皆曰撮。

墜　落也。在太極拳中處處要墜。即為敵所牽引，我沉肩墜肘，如萬鈞之重，再乘隙襲敵，無不應手奏效。

續　繼也，連也。在太極拳中能懂勁，始可言續黏粘不脫，式式貫串，其勁似斷而意仍連續不斷也。

擠　排也，推也。在太極拳中以手腕臂肘推擁敵人各部，使其不前

進，曰擠。

攤　開也，展也。太極有開合之勁，合而不開，其勁究窄，放手亦嫩，是為太極之病，故一開無不開，不但吐放舒展，且可堅實著力。

太極纏絲精論

太極拳，纏絲法也。進纏退纏，左右纏，上下纏，裡外纏，大小纏，順逆纏，而要莫非即引即纏，即進即纏。不能各是各著。若各是各，非陰陽互為其根也。世人不知，皆目為軟手，是從外面視之，皆跡象也。若以神韻論之，交手之際，剛柔並用，適得其中，非久於其道者不能澈其底蘊。兩肩彈下，兩肘沉下，秀若處女，見人肆若猛虎下山。手即權衡稱物而知其輕重。打拳之道，吾心中自有權衡。因他之進退緩急而以吾素練之精神臨之，是無形之權衡也。以無形之權衡權有形之跡

象，宜輕宜重，而以兩手斟酌，適得其當，斯為妙手。

五言古歌

理境原無盡　端由結蟻誠　三年不窺園　壹志並神凝　自當從良師
又宜訪高朋　處匕循規矩　一線啟靈明　一層深一層　層匕意無窮
一開連一合　開合遞相承　有時引入勝　工欲罷不能　時習加黽勉
日上自蒸匕　一旦無障礙　恍然悟太空

渾身俱是纏勁，大約裡纏外纏皆是，隨動而發，有左手前右手後，右手前左手後而以一順合者；亦有左裡合右背合者；亦有用反背勁而往背面合者，各因其勢之如何而以自然者運之。

人身纏絲正面圖

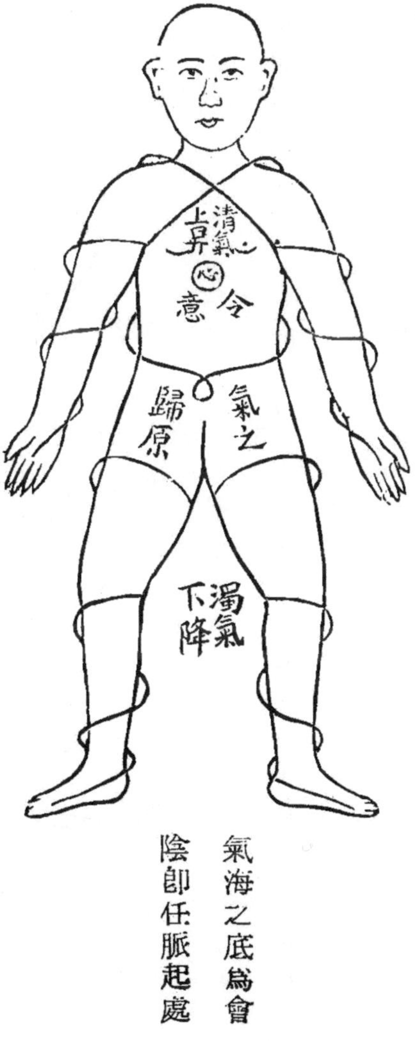

足大趾待手氣走足後乃與手一齊合住，此時方可踏實，其勁皆發於心內，入於骨縫外，達於肌膚，是一股非有幾股勁，即氣之發於心者。得其中正，則為中氣養之，即為浩然之氣。

人身纏絲背面圖

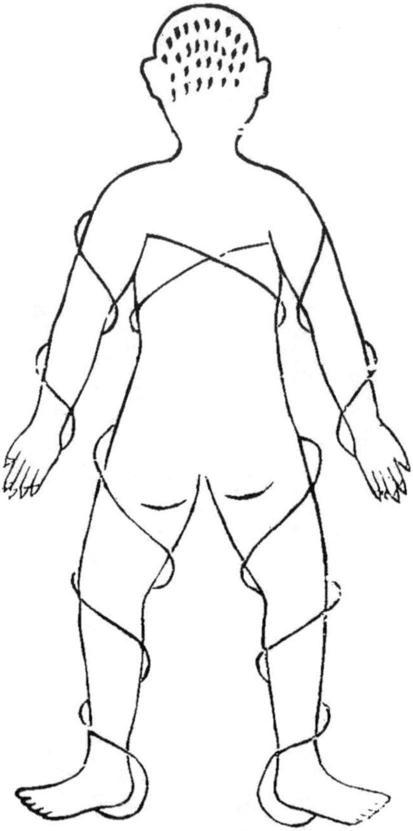

背面頭頂為頂勁，大椎為分路，分路下為膂正，中骨為脊，兩腎為腰。

足之虛實因乎手，手虛足亦虛，手實足亦實。

任脈督脈論

任脈起於會陰，上循腹裏至天突、廉泉止。督脈亦由會陰起，過長強順脊逆行至百會，降至人中止。人身有任督，猶天地之有子午也。人身任督以腹背言，天地任督以南北言，皆位乎中，可以分可以合也。分之以見陰陽之不離，合之以見渾淪之無間，一而二，二而一也。蓋人能明任督以運氣保身，猶明主愛民以安國。民斃國亡，任衰身謝。是以上人行導引之術以為修仙之根本，打拳以調養血氣呼吸，順其自然，掃除妄念，卸淨濁氣，先定根基，收視返聽，含光點點，調息綿綿，操固內守，注意玄關，功久則頃刻水中火發，雪裡花開，兩腎如湯勢，膀胱似火燒，真氣自任督猶車輪，四肢若山石，亡念之發，天機自動，每打一勢輕輕運行，默默停止，惟以意思運行，則水火自然混融，久之則水火

升隆，如桔槔之吸水，稻花之凝露，忽然一粒大如黍米落於黃庭中，此採鉛家投汞之真秘。打拳到此地注意不可散功不可停。一散一停丹不成矣。在昔紫陽真人曰，真汞生於離，其用卻在坎。姹女過南園，手持玉橄欖正此為也。日日行之無差無間。練之一刻則一刻周天，練之一時則一時周天，練之一日則一日周天，練之一年則一年周天，練之終身則終身周天，練過十年以後，周身混沌，極其虛靈，不知身之為我，我之為身；亦不知神由氣生，氣自有神，周中規折中矩不思而得，不勉而中；水不求而自生，火不求而自出；虛室生白，黑地引針；不知所以然而然，亦不知任之為督，督之為任，中氣之所以為中氣也。時措咸宜，自然合拍。此言任督之升降順逆佐中氣以成功。氣動由腎而生靜，仍歸宿於腎。一呼一吸，真氣之出入皆在於此中極穴。一名氣原，在關元下一寸，臍下四寸，膀胱之募，足三陰任脈之會氣海。一名胦脖，一名下

盲，臍下一寸，宛中男子生氣之海。人言氣歸丹田，亦非無本。總之任說千言萬語，舉莫若清心寡慾，培其本原，以養元氣，身本強壯，打拳自勝人一籌。

太極拳中氣論

中氣者，中是中，氣是氣；中是不偏不倚，無過不及之名。以理言氣，是天以陰陽五行之氣化生萬物。有是形，即有是氣，是人所秉受於天本來之元氣也。氣不離乎理，理不離乎氣；氣非理無以立理，非氣無以行氣，與理兩相需者也。理有其氣偏，氣亦有其偏。理之偏私以參焉，氣之偏橫以行焉，惟兩得其中合而言之曰中氣。

中氣與浩然之氣稍異，與血氣大不相同。中氣者，太和之元氣，即中庸所謂不偏不倚。而平常之理宰乎不剛不柔，至當卻好。正之正氣，能用此以行於手，言手而全體皆在其中。天下未有窮之者。如或有人窮之，非功夫未到十分火候，即涉於偏倚不中故也。涉於偏倚，非人能窮，我我自窮之也。此氣之貴得乎中，名之曰中氣，非氣之行於官骸之中之謂也。官骸之中是當中之中，中氣之中是不偏不倚，無過不及之理，宰乎剛柔得中之正氣、元氣。浩然之氣者大約涉於剛一邊。多觀於孔子孟子之氣象，可知孔子言語極和平，孟子氣象就帶廉隅，即其自謂亦曰至大至剛，吾故曰涉於剛一邊居多。然要亦是秉受之元氣特稍涉於嚴厲，謂之為元氣，則可謂之為太和元氣似少遜耳。此所以與中氣略有不同處。運拳者能以浩然之氣行之技，亦過乎大半矣。再加涵養功夫，則幾乎中氣矣。至於血氣乃血脈中流通之氣，即拳家所謂橫氣也。全仗年輕，力氣勇猛，而以不情不理凌壓敵人，失敗者多；即間獲勝，力氣過大偶然勝之，一遇行手，氣雖大而亦敗。苟能稍遵規矩，謂打拳成法亦能打人，但能屈敵人之身而不能服敵人之心。至於中氣能令敵人進不敢進，退不敢退，渾身無力，極其危難，足下如在圓石上站著，不敢亂平聲動，幾乎足不動即欲跌倒。此時雖不打敵，敵自心服。以上所辨未知是否，以俟高明者指正。

太極拳陰陽運化衛氣論

靈樞，衛氣者。衛氣之行一日一夜五十周於身，晝日行於陽，廿五周夜行於陰，廿五周平日。陰盡陽出於目，目張則氣上行於頭（循精明），下足太陽膀胱經，手太陽小腸經，足少陽膽經，手少陽三焦經，足陽明胃經，手陽明大腸經。所謂一日而主外者。如此夜則行足少陰腎經，注於手少陰心經，手太陰肺經，足厥陰肝經，足太陰脾經，亦如陽行廿五度而復合於目。所平旦人氣生者，即上行如頭，復合如目者是

也。打拳每一勢，陽氣一動一周身；至於靜，一靜一周身。即心之一，一念動陽氣即一周於身，一念靜陰氣即於一身。無間斷時以全體，論背後為陽，胸前為陰；胳膊手背為陽，手彎肘彎為陰；面為陽，腦後為陰；上體為陽，下體為陰；膝為陽，腿肚為陰；左手左足為陽，右手右足為陰；足面為陽，足底為陰；氣為陽，血為陰；六腑為陽，五臟為陰；此官骸陰陽之辨。以中氣之運動於內者，言之引勁，為陰勁出，為陽屈，為陰伸；為陽開步，為陽收步；為陰足點指，為陰中之陽足平踏，為陽中之陰。又如胳膊背面本屬陽，「攬雀尾」之勁由右手指引而至肩，形陽者勁反為陰。胳肚膊本屬陰，其用勁由心運到指頭，陰者勁反為陽，且一齊並運，此所為陰中藏陽，陽中藏陰；一而二，二而一。即胳膊之引勁為陰，一轉即為陽勁，此所謂陽根於陰，胳膊肚向外運行之勁忽然收縮，陰根於陽，陽藏陰中，陰藏陽中，此所謂互為其根，又

半引半進，帶引帶進，即引即進，以引為進，陰陽一齊並用，所謂道並行而不悖。非陰陽合德不能心機一動手即到，快莫快於此。至於中氣歸丹田之說不必執泥，但使氣降於臍下小腹而已。若細研之丹田，非氣之原，何以獨言歸此？此不過略言大竟而已。若究其原，周身元氣皆出於腎，腎水足則氣自壯養於胃；胃得其養則氣亦壯，藏於肝；肝氣一動逆氣橫生，不得其平，涵泳於心；心無妄念，則心平者氣自和。肺主聲，實鳴之以心，心機何往不必聲出諸口而心先喻也。壯於膽，膽則無前氣，亦隨之運於脾，是經多氣少血。聞聲則動，動則運化不已。心一動脾即動矣。佐以大腸，大腸多氣少血，且為傳道之官，又輔以小腸，小腸在前臍上，後附脊，滓穢不存，濁氣去而清氣來矣。以上經皆有益於拳，故及之。若專言腎，腎者作強之官，技巧出焉，是經少血多，氣藏精於志，精神之舍，性命之根。腎有兩枚，枚各兩繫，一繫於心，一上

通於腦，氣之所生實始於此，歸宿必歸到此。至於命門，實腎之間氣所出入之門，故曰命門。拳之言耳。

太極拳譜歌

太極本為渾元氣　周天運行無停息　祖師發為強身術
久練能成羅漢體　茲將太極運成式　製成俚詞便記憶
屏息靜立為無極　雙足展開預備式　兩手捧球太極起
胸前下按丹田止　雙手分開成圓形　左右擠手莫差池
吞身撤肘攬雀尾　左開單鞭一字式　左右琵琶提手上
懷抱太極鶴亮翅　呼吸自然莫用力　摟膝拗步掌前擠
手揮琵琶摟膝三　再揮琵琶顧三前　繼續進步搬攔錘
如封似閉惟山式　轉身上步十字獻　換勁抱虎雀尾施

單鞭探馬看肘底　倒攆猴隨斜飛式　左右琵琶仍提手
懷抱太極鶴亮翅　摟膝乘機探海底　肩通背後撇面錘
再接併步攬雀尾　單鞭雲手左右隨　單鞭再轉高探馬
左右分腳轉身追　摟膝拗步栽錘進　白蛇吐信驚魂魄
左右披身伏虎蹲　蹬腳雙鳳貫耳輪　左右蹬腳轉身施
手揮琵琶搬攔運　如封似閉十字全　換勁抱虎歸山根
併步雀尾又單鞭　野馬分鬃一二三　上步琵琶式如前
玉女穿梭回身演　合手分鬃體勢難　玉女穿梭分雙單
退步琵琶雀尾連　單鞭雲手再單鞭　搜肚手後走下勢
金雞獨立猴拳勢　右腳落地左掌探　左踢撩陰敵膽寒
倒攆猴轉斜飛式　左右琵琶提手前　白鶴亮翅摟膝擠
海底探針式一搬　肩通背後撇面錘　雀尾單鞭雲手隨

開左單鞭高探馬　探掌轉身單擺蓮　摟膝拗步指襠錘
併步雀尾隨單鞭　搜肚手後再下勢　七星胯虎式尤難
轉身探掌目後視　再轉身形雙擺蓮　彎弓射虎怒目視
上步探掌再撇面　併步雀尾單鞭收　雙手十字獻身前
徐徐下按復原式　合太極兮歸本原

太極拳總論

純陰無陽是軟手，純陽無陰是硬手；一陰九陽根頭，棍二陰八陽是散手；三陰七陽猶覺硬，四陰六陽顯好手；惟有五陰並五陽，陰陽無偏稱妙手。一著一，太極空，空跡化，歸烏有。

每一勢拳往往數千言不能罄其妙，一經現身說法，甚覺容易。所難者工夫，所尤難者長久工夫。諺有曰：拳打萬遍，神理自現。信然。

太極拳七言古詩

動則生陽靜生陰　一動一靜互為根　果然識得環中趣
輾轉隨意見天真　陰陽無始又無終　來往屈伸寓化工
此中消息真參透　圓轉隨意運鴻濛　一陣清來一陣迷
連環闔闢賴撕提　理經三味方才亮　一片靈境是破璃
渾身蝟縮似純陰　陰中藏陽任人侵　徐徐引進人莫曉
漸漸停留意自深　左虛右實藏戛擊　上提下打寓縱擒
果能識得其中理　妙手空空冠當今

學太極拳須知

㈠學太極拳者不可不敬。則外慢師友，內慢身體，意志不斂，如何

能學藝。

㈡學太極拳者不可狂，狂則生事。不但手不可狂，即言亦不可狂。外面形跡必帶儒雅風氣，不然狂於外必失於中。

㈢學太極拳者不可自滿。滿則招惹是非，辱身喪命。凡事以涵養為本，方為上策。

㈣學太極拳者以豪傑為名，以聖賢為本，才是真正君子。

㈤學太極拳者每著要當心揣摩。一著不揣摩，則機致情理終於茫昧。即承上起下，尤當留心此處。不留心則來脈不真，轉關不靈，不能自始至終一氣貫通。不能貫通，則於太和元氣終難問津。

㈥學太極拳者雖無大用，亦可健體強身，保存國體之道也。

㈦學太極拳者學陰陽開合而已。吾身中自有本然之陰陽開合，非教者所能增損也。復其本然，教者即止。

太極拳圖解

第三章

第一節

無極勢

歌曰：無形無象無紛拿　一片神行至道誇
　　參透虛無根蒂固　混混沌沌樂無涯

【名稱意義】無極者，就以夏曆晦日的太陰本體來喻無極，混混沌沌，無形無象，渾然一氣之謂也。

【動作說明】本勢由指定之起點劃一十字，兩足跟並立於十字當中，兩腿微彎；垂肩鬆腰，含胸拔背，順項貫頂，自自然然，渾元一

第一圖

氣，意念未動碑立而矣。通常觀之如立正姿勢，但此式之立正與操法中挺胸踢腰者不同也。如第一圖。

【功解】此式係預備勢，比喻注靜水一盆，靜之至極，渾然一體。

【附註】上場立正面南背北，左東右西，為學習固定方向。

有極勢　一式

歌曰：太極生在無極中　混元一氣妙無窮
先天逆順應機變　萬象包羅易理中

【名稱意義】有極者，從無極而生，就是朔日太陰一線之光照，然不昧之體現一陽初動之謂也。

【動作說明】承前式，兩足跟向左右分開，兩足尖向外分開，兩足跟再向外，開襠要圓，開兩足成‖子形，距離以兩肩為標準。如第二圖。

【功解】喻靜水一盆，以棒微微攪動，水之紋縲便顯雙魚之象，陰陽見焉。

第二圖

【附註】身體未離起點方向。要虛靈頂勁，氣沉丹田。周身不許用絲毫氣力。法天地之自然運行周身方合本體。

太極起勢

歌曰：先天頂精捧太極　一動一靜是圍棋

內勁纏絲繞兩臂　五指貫通是太極

【名稱意義】太極者，從有極而生陰陽，虛實定矣。

【動作說明】承上式不停，兩足原地不動。兩手如捧圓球，兩手虎

一式附一圖

第三圖

口要圓，往上平捧，與胸平為度，兩肘微墜。如附一圖。

承上式不停，兩腕轉動向內，緩緩帶回至胸前，距乳部四指許，再慢慢下按至兩胯。下按時兩腿隨之下彎，身體下蹲，自自然然，不可用力。用力則周身僵硬，不能靈活。目仍向前平視。如第三圖。

【功解】此式雙手下按，以意行氣，注入丹田，以養浩然之氣。

【附註】肩肘腕為上三盤，頭胸腹為中三盤，胯膝足為下三盤。上三盤顧住下三盤，下三盤顧住中三盤，此謂三肋相顧。

太極起勢　二式

【動作說明】承上式不停，兩手用外纏絲手緩緩向外攌起，兩肘彎曲，如在面前捧大圓球，兩手食指與肩平，目仍前視。如第四圖。

第四圖

【用法】此二式假如敵以兩手擊來，我以兩手往上捧起敵手，再以兩手攌開敵手，趁勢以兩手擠推敵胸。

【附註】凡小臂微微向內轉動，曰內纏絲；微微向外轉動，曰外纏絲。此不過為初學者道耳。再演太極拳，須知纏絲手法。不知纏絲手者，一味亂演，則氣一停於肩，二停於肘，三停於腕，不能達於掌心，手指更不能貫於百會，通至湧泉。識此者則陰陽可分清，若留心以意運氣，則氣無微不至矣。

攬雀尾　一式

歌曰：攬雀尾中勢出奇　左屈右伸識者稀
頂領兩腰似旋機　千變萬化定根基

【名稱意義】攬雀尾者，取孔雀尾左右兜攬之意，故名。

【動作說明】承上式不停，鬆腰向右擰轉，兩胳膊隨腰轉動，同時兩手。用內纏絲手左足向身體左斜方邁出一步，身體重點移於右腿（為實），左腿坡直，足尖上翹（為虛）。左手擋於前，右手擠於後，擠至左前方如捧小圓球。擠時左膝慢慢前弓踏實，右腿蹬直成左弓箭步。兩目隨手轉動，注視左手，不容稍忽。名曰左擠太極。如第五圖。

第五圖

歌曰：左足上步右手擠　一陰一陽分虛實

天道所藏動分靜　逆順和化處匕密

【用法】假如敵從左前方擊來，我攦住敵腕，牽動敵身，進左足用右手擠之。

【附註】凡左腿前弓右腿後蹬或右腿前弓左腿後蹬，蹬腿名曰箭腿，簡稱名曰左（右）弓箭步，又名登山勢。

攬雀尾　二式

【動作說明】承上式不停，左足跟為軸，足尖向右鉤轉，右足往右斜方邁出一步，兩足在一條線上，重點移於左腿（實），右腿坡直，足尖上翹（虛）。同時，右手用外纏絲，左

第六圖

手用內纏絲，右手擋於前，左手擠於後，擠至右前方如捧小圓球。擠時右膝慢慢前弓踏實，左腿蹬直成右弓箭步。兩目轉移，注視右手，名曰右擠太極。如第六圖。

歌曰：右足往右隨萬出　左右捧球如戲珠

順項貫頂天機動　眼神領會固中氣

【用法】承前勢，敵乘我後方空虛從右斜方擊吾右肩，我回身以右手採住敵腕，制動敵身，趁勢進右足向敵擠去。

攬雀尾　三式

【動作說明】承上式不停，全身後坐，重點移於左腿。同時，右手用外纏絲緩緩沉落於腰間，左手隨腰左擰時後移，陰手停於左乳前，肘尖微垂，如捧太極。右腿隨左腿腿直，足尖上翹。目顧左肘。如第七圖。

第七圖

第八圖

【用法】承前式，敵人如趁勢擴擠吾腕臂，我即下按以力化之。

【附註】此式為坐勢，一腿前，出足尖虛起；一腿踡坐踏實，如坐太師椅上。穩重如山，自能含胸拔背，胸中空闊，氣不上浮。凡此名曰坐勢。下遇此式以此為例。

攬雀尾　四式

【動作說明】承上式不停，以腰為主宰，發力推動右腿緩緩前弓踏實，左腿蹬直成右弓箭步。同時，左手扶於右腕（陰），右手心向內

（陽），隨腿往前推擠至三尖相照為度。兩目注視兩手。如第八圖。

【用法】此式用處極廣。如敵進我攌，敵退我擠，左挒右採，用之無不如意。

【附註】太極拳每勢發力的樞機完全主宰於腰。腰力鬆動，即能指揮全體四肢。咸受節制，非外家拳以四肢支配身體者所可比也。凡上照鼻尖，中照手尖，下照足尖，名曰三尖相照。三尖照，尾閭自然中正。

第九圖

攬雀尾　五式

【動作說明】承上式不停，全身後坐，重點移於左腿，右腿坡直成坐勢。同時，右手轉，手心向上，隨身體後坐時在面前用外掛手輪轉，在輪轉時左手從手腕順攌至曲池穴（名曰天合水）。兩目活潑注視兩手。如第九圖。

【用法】左手扶右腕曰護腕。敵若採住吾手，我用金絲纏腕手以破之。

【附註】太極者渾然一團如球形，演式內手臂腰腿無一式不有圓圈，故曰太極拳全在圓圈中求靈活。

攬雀尾　六式

【動作說明】承上式不停，以腰力推動右腿緩緩前張踏實，左腿蹬直成右弓箭步。同時，右手接上式輪轉時小臂隨之轉動，沉肩垂肘，轉至掌心向前，合上式方成圓圈，隨右腿向前推去，左手趁右手前推時從曲池轉至肘底，手心轉上，四指貼胳膊底面推攄至手腕止（名曰六腑），右腕即吊起，高與頂平，四指斜排下鉤，大指與食指相撮合（名曰太極鉤）。兩目活潑注視兩手。如第十圖。

第十圖

【用法】此式如吾手為敵所採，可從腕下托破敵手，反採敵腕（名曰千金托腕）。太極鉤即空採手之合也。

【附註】攬雀尾為體用兼備之手。觀其忽上忽下，忽隱忽現，屈伸圓轉，無不靈活，四忌十要五行八卦盡在其中。此式一通，餘式易精，至於禦敵易事耳。

單　鞭

歌曰：兩手忽聚而忽散　浩然元氣貫中間

左足向左爲基礎　身法端正無斜偏

【名稱意義】單鞭者即取前後手如一似鋼鞭之意，故名。

【動作說明】承上式不停，左足轉向左方前弓踏實，右足登直成左弓箭步。同時，左手從右腕下掌心向內垂肘運轉，腰力推動左手雲轉至身前，掌心仍向內，即用內纏絲微向前擠去，三尖相照，右鉤手仍高與頂

第十一圖

平。兩目隨手轉視中指甲上。如第十一圖。

【用法】承上式，假如敵人從後方襲來，我轉身攏住敵手，反手即用掌心力擊之。

【附註】此式左手雲轉觸敵，即挒。凡動作要上下相隨，協同一致。勿因說明不精，以辭害意為得法。

左右琵琶勢　一式

歌曰：左手下撩至胸前　回身靠肘兩膀圓
轉動虛靈中和氣　處匕纏絲自天然

【名稱意義】此式如兩手抱琵琶左右轉動之義，故名。

【動作說明】承上式不停，左足不動，右足往左足後進半步，重點移於右腿，左足跟提起，足尖點地，成左吞勢。同時，太極鉤放開，自上而下經右胯外向前撩起，止於胸前，左手即扶於寸關穴上，兩膀要圓。兩目注視右手。如第十二圖。

【用法】如敵擊吾左臂，我左掌掤起敵手，用右掌撩擊敵陰，名曰海底撩陰掌。

第十二圖

左右琵琶勢　二式

【動作說明】承上式不停，以腰力推動下盤，左足尖向右先轉，右足尖再轉，轉至胸向前方，重點移於左腿，右足尖點地成右吞勢。同時，左手不動，右手用內纏絲隨身轉至前方，兩膀要圓，停於胸前，右手心微向外。兩目隨右手轉移注視。如第十三圖。

第十三圖

【用法】承上式，採住敵手，如敵人反採吾腕，我即用手扣緊敵手，以金絲盤腕手破之。

【附註】太極拳下盤姿式有八：曰登山、騎馬、吞、坐、魚鱗、塌、猴、胯。凡兩腿下彎，後足尖外撇，前足直，前足跟提起，足尖點地，如骨牌中之長三式，名曰吞勢。凡重點在左者曰右吞勢；重點在右腿為左吞勢。

提手上勢　一式

歌曰：提手上勢雙手合　進步靠身變化多
陰陽合德順其體　至大至剛至柔和

【名稱意義】提手者由下往上提勁，取兩手提取重物之意，故名。

【動作說明】承上式不停，右足往身右前方上一步，足跟著地，再緩緩前弓踏實，左腿蹬直成右弓箭步。兩手隨右足進步時下按至右胯，再隨腿前弓時緩緩提起，左手仍扶右腕，停於右肩窩前。兩目隨手注視。如第十四圖。

第十四圖

【用法】假敵迎面擊來，我由上

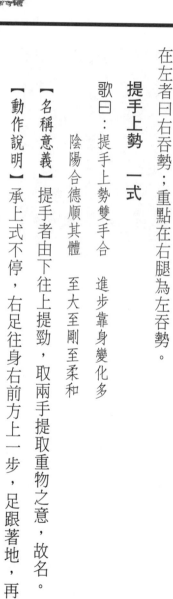

方按其肘臂，上前一步靠近敵身以擠敵陰；或用左手按住敵腕，以右手擊敵胸或頭部均可。

提手上勢　二式

【動作說明】承上式不停，左足前上一步踏實。兩足距離以肩為標準。左手隨腿上步時用外纏絲擰轉至手心向上，即緩緩往下沉落至丹田與黃房之間，右手向身前微移，陰手下按至胸前止，兩手在懷中如抱太極形，兩腿隨兩手下按時徐七下彎成騎馬勢。兩目注視前方。如第十五圖。

第十五圖

【用法】此式兩手一上一下，上手護咽喉，下手護陰部，相機應敵，無不如意。

【附註】此式兩足尖成八字形，

兩足距離以兩肩為標準。

白鶴亮翅　一式

歌曰：閒暇無事看白鶴　兩翼舒展又一波
兩手展開摟峰勢　引進神機識太和

【名稱意義】此式兩臂開展有鶴舒翼之狀，故取其義而名之。

【動作說明】承上式不停，右足併於左足旁，足尖點地。左手隨右足併步時下伸至左胯外，右手隨之微往下按，再往左微擠，即緩緩向右掄轉，經面前暫停右額角外。腰要向左擰轉，兩目顧盼左斜方。如第十六圖。

第十六圖

【用法】此式如敵以雙手擊來，

我右手上採，左手下挒，相機取敵，無不左右逢源。

【附註】此式說明內註「暫停」二字，其實手法停住因拍照起見，故暫停額角為拍圖故也。

白鶴亮翅　二式

【動作說明】承上式不停，兩足原地不動。右手用外纏絲，左手用內纏絲，兩手同時在身前擰轉停於懷前，左上右下，如抱太極。兩手聯合上式在面前各劃一圓圈。兩目注視前方。如第十七圖。

【用法】此式上手護鎖口，下手護襠。「採挒」二字任意施行，無不得心應手。

白鶴亮翅　三式

【動作說明】承上式不停，左足跟原地提起，足尖著地，左虛右實。緩緩下彎成魚鱗步。右手下掛至右胯外，向上微提，即用內纏絲轉起停於耳後，左手往前推擠，停於右燕窩穴。兩目顧盼右手。如第十八圖。

【用法】如敵襲吾右肋，我以右手斜掛反掌擊之。

【附註】此式在注意頂勁。頭容正直則身體美觀，百會又為精神中樞政府，司人體各部血液之暢行。兩手開展善能運動胸脊，應加注意。

第十七圖

第十八圖

左摟膝拗步　一式

【名稱意義】摟膝者即以手摟繞過膝之意。拗步者別於順步之稱也。

【動作說明】承上式不停，兩手不動。左足往身左前方斜出一步，足尖點地，膝蓋微坡。兩目回視左前

第十九圖

方。如第十九圖。

歌曰：兩手上下兩足開　左前右後護胸懷
中間只要身法正　何怕周圍一齊來

左摟膝拗步　二式

【動作說明】承上式不停，左腿緩緩前張，右腿蹬直成左弓箭步。同時，左手往左膝下摟按至左膝傍停住，手心轉下，右手隨腿弓時從耳

第二十圖

邊用內纏絲往前擠推至胸前止。兩目注視右手。如第二十圖。

【用法】假如敵人擊吾前或踢吾膝，我以手往左摟，開趁勢以右手按擠敵胸。

【附註】太極拳重意不重形，此式雖平易，善能舒筋骨和氣血，筋舒血和氣充周身，則體格健康矣。

手揮琵琶勢

歌曰：手抱琵琶撥絲絃　右手後藏止關元
三尖相照尾中正　氣歸丹田精神全

【名稱意義】取法如懷抱琵琶，一手撥動絃索之意，故名。

【動作說明】承上式不停，右足前進半步，足尖外撇，重點移於右腿成吞勢。左手上提至腰間，擰轉手背，貼腰往前穿出，經過右手背用內纏絲按出。腰往下坐，三尖相照，上下相合。同時，右手按於丹田，名曰中定。兩目注視中指甲上。如第二十一圖。

第二十一圖

【用法】承前式，如敵採吾右手，我即往懷中引回，以柔化其手，使敵採手失效，再出左掌擊敵胸部。

【附註】太極拳架手法雖千變萬化，不外乎八卦與五行；姿勢雖多，身法步法不外乎開展、舒暢、緊束與步法八勢。但其運動各部之奧義，非外家花拳繡腿之拳架所可比。學者當精心研究。

摟膝拗步左　一式

歌曰：太和元氣運周身　普護兩膝前後心
　　眼神注視中指甲　四面八方任人侵

【名稱意義】閱前式第十九圖。

【動作說明】承上式不停，兩足原地不動，右手用外纏絲下掛至右胯外，再用內纏絲徐徐抬起停於右耳後，左手用內纏絲引回，燕窩掌心向右。目要右盼。同時，左足即往左斜方出一步，足跟著地，足尖上翹成坐勢。兩目顧視左斜方。如第二十二圖。

第二十二圖

【用法】參閱前式第二十圖。

摟膝拗步左　二式

【動作說明】參閱前式第二十圖左摟膝拗步同。（第二十三圖）

摟膝拗步右　三式

【動作說明】承上式不停，身體後坐，重點移於右腿。左腿坡直成坐勢。同時，左手從左膝旁經過左胯外用外纏絲徐徐抬起，停於左耳後，右手用內纏絲引回；左燕窩掌心向左。目要左顧。同時，右足再往

第二十三圖

第二十四圖

右斜方出一步，足跟著地，足尖上翹成坐勢。兩目盼視右斜方。如第二十四圖。

第二十五圖

摟膝拗步右　四式

【動作說明】承上式不停，右腿緩緩前弓，左腿蹬直成右弓箭步。同時，右手往右膝下摟按至右膝旁停住，手心朝下，左手隨腿弓時從耳邊用內纏絲往前擠推至胸前止。兩目注視右手中指甲上。如第二十五圖。

摟膝拗步左　五式

【動作說明】承上式不停，身體後坐重點移於左腿，右腿坡直成坐勢。同時，右手從右膝傍經過右胯外用外纏絲徐徐抬起，停於右耳後，左手用內纏絲引回，右燕窩掌心向右。目要右盼。同時，左足再往左斜方出一步，足跟著地，足尖上翹成坐勢。兩目顧視左斜方。如第二十六圖。

第二十六圖

摟膝拗步左　六式

【動作說明】參閱前式第二十圖摟膝拗步同。（第二十七圖）

第二十七圖

手揮琵琶勢

【動作說明】參閱前式第二十一圖手揮琵琶勢同。（第二十八圖）

搬攔錘 一式

歌曰：兩手圓轉一小周　即見精神不見收
陰中藏陽須留意　左虛右實把敵丟

【名稱意義】太極拳盛道五錘，為何不稱拳而曰錘？蓋錘者別於普通拳之稱，此乃天然防身之武器也。此式左右搬攔，乘隙擊敵要害，故名。

【動作說明】承上式不停，左手用外纏絲收回左腰間，護子筋。右

第二十八圖

第二十九圖

足併步。同時，右手用外纏絲移於右子筋，轉一小圓圈下掛（名曰搜肚手）往前採擺至胸前暫停，掌心向左。兩目隨手注視。如第二十九圖。

【附註】太極點按歌訣內云，起死回生三把真，即是說千筋、子筋與懶筋。若被跌打昏暈時，拿此三筋立即回生。其部位在頸後左右大筋曰千筋；在左右肋下大筋曰子筋；在足踵上大筋曰懶筋。

搬攔錘　二式

【動作說明】承上式不停，左足往前一步，足跟著地，重點移於右腿成坐勢，同時左手在腰間轉一小圓圈下掛，即往前採擺至胸前暫停，掌心向右，右手引回右腹部，手心向上。兩目隨手注視。如第三十圖。

搬攔錘　三式

【動作說明】承上式不停，左腿徐徐前弓，右腿蹬直成左弓箭步。同時，右手下沉至腰間，轉一小圓圈下掛，即組錘往左前方側擊，左手

第三十圖

第三十一圖

屈回右燕窩，手心向上扶貼大臂。兩目注視右錘。如第三十一圖。

【用法】此式假如敵以左手擊我前胸，我即以右手攦其大臂。若敵再以右手擊我前胸，我即以左手攦其膀根，即進左步以錘側擊敵太陽或聽耳穴。

【附註】此式以腰為軸，兩手聯絡，旋轉運行。練功實用，均有圓滿精神存乎其間，其中妙義筆不能宣，以心領神會可也。凡空心錘組成法，以中下三指斜捲於掌心，大指緊按食指上節，中節突出成錘，名曰空心錘；在點法內名曰珠子訣。

如封似閉　一式

【名稱意義】如封者如封鎖門戶，敵不得進。似閉者如雙手閉門，將敵推出之義，因以名之。

【動作說明】承上勢不停，全身後坐，重點移於右腿，左腿坡直，足尖上翹成坐勢。同時右手從右膀根擺至右手外（擺至右曲池時錘即變掌），兩膀圓撐，兩肘微垂，如捧太極。兩目注視兩手。如第三十二圖。

第三十二圖

歌曰：雙手捧日似太極　兩手推出如封閉
一開一合心靈妙　一收一放妙無極

如封似閉　二式

【動作說明】承上式不停，左腿前弓踏實，右腿蹬直。同時，兩肘往下一垂，兩手用內纏絲推出停於胸前，兩膀圓撐，肘尖微垂，手虎口要圓。兩目注視兩手。如第三十三圖。

【用法】此式假如敵人以兩手擊吾頭部，我兩手往外一撐，乘勢進身，以雙手推按敵人肩窩或胸部。

第三十三圖

【附註】一勢中無論分為幾個動作，上下承接務要聯絡一氣，勿以為式分而有斷續也。此式善能運動腰胯，伸縮兩臂，呼吸隨之吐納，即有肺病者練習亦能生效。

第三十四圖

十字手　一式

【名稱意義】十字手者兩手掤合交叉如十字，故名。

【動作說明】承上式不停，身體後坐，重點移於右腿，左腿坡直，足尖上翹成坐勢。同時，兩手在原處用外纏絲收回腰間，停於子筋不動。再緊接以左足跟作軸，足尖往右轉踏實，右足即往身右前方上半步，足尖上翹隨即徐徐前弓踏實，左腿蹬直成右弓箭步。兩目顧視左後方。如第三十四圖。

歌曰：兩手交叉十字形　元氣歸落丹田中

平心靜氣凝神視　待機而動似貓行

十字手　二式

【動作說明】承上式不停，左足跟進一步，兩足跟相併，足尖外撇成立正式。同時，兩手用內纏絲在腰間旋轉一小圓圈下掛（名摟肚手），徐徐抬起掤於胸前，左手在外，右手在內，交叉成十字形，兩膀圓撐。兩目平視。如第三十五圖。

【用法】假如敵人由面前擊我腹部，我即變手下按分開敵手，乘勢進擊。如另一敵人從吾右側以雙手擊吾膀部，我即以十字手掤架敵手，相機制裁敵人，無不左右逢源。

第三十五圖

【附註】兩眼為人身之精，技擊家稱為先鋒；太極拳內蘊五行，以是又稱兩眼左為戲珠，右為精明，蓋以此喻左顧右盼，圓轉靈活，如龍戲珠，觀察準確，如鑑精明，以應敵之意。足見兩眼之重要。務在每式中要注意練習，切勿稍忽。

第二節

換勁　一式

【名稱意義】換勁之勢，先師立法之初恐學者練習各勢有用硬力之處，特立換勁之法，示學者知腰為周身之主宰，腰力一轉動，周身毫髮皆動，硬力浮觔即換去也。取義在此，故名。

第三十六圖

【動作說明】承上式不停，兩手緩緩落下至丹田。右足再往右橫開半步，兩足距離以肩為準，成‖字式。兩手隨右腿分開垂於兩腿旁。兩目平視。如第三十六圖。

歌曰：元氣貫於兩臂中　周身一抖神鬼驚
先師留下換勁手　蓄而後發纏勁中

換勁　二式

【動作說明】承上式不停，兩腿屈力徐徐彎曲。兩手徐徐往上捧起，兩掌上豎，高與肩平，即用腰力向左右一轉動，周身一抖即止。兩目平視。如第三十七圖。

第三十七圖

【用法】假如敵人以雙手擊吾胸前，我即以雙手藉換勁之力立即將敵擠出數武外。

【附註】此式尾閭要中正，以意運氣，推動腰臀旋轉一周，丹田元氣在兩臀內亦旋轉一周，運行四肢。非功夫深造者不能知也。凡上三盤屈伸樞紐在曲池穴，下三盤屈伸樞紐在曲力穴。

抱虎歸山　一式

【名稱意義】抱虎歸山者，假敵人如猛虎，我能擒抱縛制之意義，故名。

第三十八圖

【動作說明】承上式不停，重點移於右腿不動，左足往左前方斜出乙步坡直，足尖上翹成坐勢。同時，右手用外纏絲貼右腹沉落至右胯外，再圓轉抬起停於右耳旁，肘尖下垂，左手引回燕窩。兩目注視左斜方。如第三十八圖。

歌曰：左右抱虎歸無停　乾坤正氣運鴻濛
　　　學到有形歸無跡　方知玄妙在天工

抱虎歸山　二式

【動作說明】承上式不停，左足緩緩前弓踏實，右腿登直成左弓箭步。同時，左手往左膝外摟按至左膝傍停住，手心向上，右手從耳邊用內纏絲往前推擠至胸前止。兩目注視右手。如第三十九圖。

第三十九圖

抱虎歸山　三式

【動作說明】承上式不停，兩足原地向右轉動成右弓箭步。右手用外纏絲往下沉落至丹田下，手心向上，左手圓轉抬起往左肩前微按。兩目注視中指甲上。如第四十圖。

【用法】假如敵人以左手擊來，我摟開敵手，趁勢雙右手圈抱敵人。如敵外逃時，我隨以左手擠之。

第四十圖

【附註】要注意此式為抱虎歸山，非摟膝拗步也。此式運動貫串一氣，相連如抽絲，兩手心遙遙相對，能固中宮之氣。脊椎切勿前傾，前傾即失掉中心。但須沉肩含胸，丹田之氣始能暢達自如。

併步攬雀尾　一式

【動作說明】承上式不停，右足原地不動，左足前進半步併於右足，兩腿下彎。同時，左手用外纏絲沉落於丹田，掌心向上，右手從右膝外用內纏絲由身體右側引回胸前畫一圓圈，掌心向下，如抱太極。兩目注視右肘。如第四十一圖。

第四十一圖

【用法】假如敵人以右手襲吾胸部，我以左手採敵腕。如敵收回右手，再進左手擊吾胸部，我即以右手攌敵臂往左，即能捌敵於數步外。

【附註】凡上式與下式之接筍處務要動作一致，上下吻合，纏絲不斷，始有可觀。

併步攬雀尾　二式

【動作說明】承上式不停，兩足原地不動。兩手如抱球往前拋狀，推出右手，隨之再往右一送，兩手即上下互換，各劃一圓圈抱回左肋

第四十二圖

第四十三圖

下，掌心上下相對。此時右足跟提起成魚鱗勢。兩目注視前方。如第四十二圖。

併步攬雀尾　三式

【動作說明】參閱一節第七圖攬雀尾同。（第四十三圖）

併步攬雀尾　四式

【動作說明】參閱一節第八圖攬雀尾同。（第四十四圖）

併步攬雀尾　五式

【動作說明】參閱一節第九圖攬雀尾同。（第四十五圖）

第四十四圖

第四十五圖

併步攬雀尾　六式

【動作說明】參閱一節第十圖攬雀尾同。（第四十六圖）

第四十六圖

單　鞭

【動作說明】參閱一節第十一圖單鞭同。（第四十七圖）

高探馬

歌曰：八尺以上馬號龍　吳山獨立第一峰
只爲欲乘千里足　高探超奢馬服封

【名稱意義】高探馬者聳身前探，如上馬探身之意，故名。

第四十七圖

第四十八圖

【動作說明】承上式不停，兩足原地不動，身體後坐，重點移於右腿，左腿坡直，足尖上翹成坐勢。同時，左手用外纏絲抽回腰間，右手經過左掌心向前探出，手心向前。兩目注視前手中指甲上。如第四十八圖。

【用法】假如敵人襲吾左側，我翻手外掛下按敵手，乘勢以右手探擊敵人上部。

【附註】此式能伸縮腰脊，柔活腕臂。要注意上下相隨。

肘底看錘

歌曰：左腿前弓右腿蹬　左錘直擊敵前胸
　　中調大神元氣足　承上起下莫放鬆

【名稱意義】肘底看錘者，一錘進攻，一錘司守。此式注重守衛，衝擊之意蘊藏於底，故名。

【動作說明】承上式不停，兩足原地不動，左腿徐徐前弓，右腿後蹬成左弓箭步。同時，右手面貼左胳膊底縮回，組錘停於肘底，左錘經過右手上面往前穿擊，高與胸平。兩目隨錘注視。如第四十九圖。

第四十九圖

【用法】假如敵人以左手擊吾胸前，我即以左手下按，乘勢以左錘擊敵上焦或兩將台穴。

【附註】此式注意肘下錘，意在防敵襲擊，然內蘊衝擊之意。若久練既化之候，進攻退守自可從心所欲，以蓄而待發之意向機而發，未有不應手而倒者。

倒攆猴　一式

【名稱意義】倒攆猴者取其後退前探，身手似猴之輕靈敏捷，故名之。

第五十圖

【動作說明】承上式不停，身體往後坐，重點移於右腿，左足踵提起，足尖點地成吞勢。同時，左錘原地不動變成陽掌。左錘變掌隨身後坐時即抽回抬於右耳旁。兩目前視左掌。如第五十圖。

歌曰：倒退正氣貫中間　陰陽更換一氣連

左顧右盼隨機轉　元氣倒纏十分圓

倒攆猴　二式

【動作說明】承上式不停，左足後退一步，重點移於左腿成吞勢。

同時，右手隨左足後退時即往前，經過左掌上往前擠出，左手抽回腰間，用內纏絲翻手圓轉抽回抬於左耳後，右手在左手抽抬時即反轉手心向上，高與肩平。兩目注視前手。如第五十一圖。

倒攆猴　三式

【動作說明】承上式不停，右足後退一步，重點移於右腿成吞勢。同時，左手隨右足後退時即往前，經過右掌上往前擠出，右手抽回腰

第五十一圖

第五十二圖

附二圖

間，用內纏絲翻手圓轉抽回抬於右耳後，左手在右手抽抬時即反掌心向上，高與肩平。兩目注視前手。如第五十二圖。

倒攆猴　四式

【動作說明】承上式不停，左足後退一步，重點移於左腿成呑勢。同時，右手隨左足後退時即往前，經過左掌心上往前擠出，左手抽回腰間暫停於子筋（如附二圖）。

承上式全身向左後轉成左弓箭步。左手由左腰間用內纏絲翻手圓轉抬於左肩前，右手隨身轉動引回至右肩前，兩肘下垂，兩臂圓撐，兩手略往前擠推，如捧太極。兩目前視。如第五十三圖。

【用法】假如敵人靠身擊來，我以前掌按住敵手，退一步用後掌擊

第五十三圖

敵胸部。如敵由後擊來，我以左右肘擊之，或轉身捧出敵手。

【附註】此式注意虛心靈頂勁，則精神自能提得起；精神提起，身體即不為拙力所束縛，才能得到上下相隨聯成一氣，前進後退輕靈敏捷，如猴之妙。

第三節

斜飛勢　一式

歌曰：左足開襠正氣行　左右擺開上下應
順手圓轉有天道　四肢從心主宰定

第五十四圖

【名稱意義】斜飛者如鳥飛旋轉，兩翅斜展之意，故名。

【動作說明】承上式不停，兩腿向右旋轉如擰絲狀，左膝蓋換於右腿，屈力，下邊成坐盤勢。同時，左手隨腿轉下插上搓止於右胯，右手隨之轉移護於左燕窩。兩目向右注視。如第五十四圖。

【用法】假如敵人襲吾右後方，我轉身右手掤起敵手，再以左手撩敵海底穴（此穴部位在肛門前）。

斜飛勢　二式

【動作說明】承上式不停，右足不動，左足往左斜方進一步，成左弓箭步。同時，兩手隨腿上下擺開，如鳥之展翅。目視右手。如第五十五圖。

【用法】假敵以右手擊吾左膀，我以左手掤起敵手，趁勢開步，順手擊敵氣門穴。

【附註】此式兩臂開展則胸襟開闊，膀背要鬆，勿用拙力，則氣貫手指。

第五十五圖

左右琵琶勢　一式

【動作說明】參閱一節第十二圖琵琶勢同。（第五十六圖）

左右琵琶勢　二式

【動作說明】參閱一節第十三圖琵琶勢同。（第五十七圖）

第五十六圖

第五十七圖

提手上勢　一式

【動作說明】參閱一節第十四圖琵琶勢同。（第五十八圖）

第五十八圖

第五十九圖

第六十圖

提手上勢　二式

【動作說明】參閱一節第十五圖琵琶勢同。（第五十九圖）

白鶴亮翅　一式

【動作說明】參閱一節第十六圖琵琶勢同。（第六十圖）

白鶴亮翅　二式

【動作說明】參閱一節第十七圖琵琶勢同。（第六十一圖）

白鶴亮翅　三式

【動作說明】參閱一節第十八圖琵琶勢同。（第六十二圖）

第六十一圖

第六十二圖

左摟膝拗步　一式

【動作說明】參閱一節第十九圖左摟膝拗步同。（第六十三圖）

第六十三圖

左摟膝拗步 二式

【動作說明】參閱一節第二十圖左摟膝拗步同。（第六十四圖）

海底針

歌曰：左足點地運化良　海底取物內勁藏
神到靈台順手到　向下刺探人難防

【名稱意義】海底針者以手下刺，如探海底之物，取其義故名。

第六十四圖

第六十五圖

【動作說明】承上式不停，左足不動，右足前移半步，重點移於右腿，左足尖著地成吞勢。移步時腰往右一擰，身即下探。同時，左手上提護右燕窩，右手從原地藉腰力往下插刺至左膝外，掌心向左。拔背含胸，兩目昂首前視。如第六十五圖。

【用法】假如敵擊吾胸前，我以左手掤起敵手，即以右手下刺敵足背穴。

【附註】此式雖腰下刺，不可往前過傾，亦不可後仰，氣固丹田，湧泉上提，則滿身輕利，先天靈活。

肩通臂

歌曰：因何號爲肩通背　督至長強是正中
從下翻上天然勢　敵至我前在我躬

【名稱意義】肩通臂者，兩臂張開如扇之展開，取義脊椎之力貫通兩臂之謂也。

【動作說明】承上式不停，左足前進半步坡直，足尖上翹。同時，右手緩緩上提至胸前，用內纏絲再抬至頭頂，護於百會。左腿前弓，右腿蹬直，成左弓箭步。左手隨腿弓往前擠去。兩目注視前手。如第六十六圖。

第六十六圖

【用法】承前式，右手下拿敵足背，上拿敵咽喉，趁勢進左足，以左掌擊敵肋部，或以右手刁敵腕左手，托敵肘，則敵肘必折。

【附註】此式身體切勿前傾，尾閭中正，氣息自然，則力發脊背，貫於指掌。

第四節

轉身撇面錘　一式

歌曰：右肩往後倒翻身　倒展身形擊敵人
此拳落在神庭柱　打中來人走眞魂

【名稱意義】撇面錘者以錘撇擊敵面，轉身奇襲，使敵不備之謂也。

【動作說明】承上式不停，以腰為軸，兩足原地往右後轉成右弓箭步。同時，右手組錘隨腿轉時突往前撇擊，左手隨右手圓轉抬起，停於左耳上。兩目前視。如第六十七圖。

第六十七圖

【用法】如敵從後方襲我，我轉

身順敵胳膊撇擊敵印堂穴。

轉身撇面錘　二式

【動作說明】承上式不停，全身後撤，右足隨退一步，重點即移於右腿，左足尖點地成吞勢。同時，右手隨腿後撤時落於胸前，抽回腰間護子筋；左手由上落下，從右手掌心上擠出。兩目前視。如第六十八圖。

第六十八圖

【用法】假如敵人乘勢擊吾右膀，我退一步，右手反掌撥按敵人來手，立出左掌探擊敵胸部。

【附註】此二式轉身後退以腰為樞機，方能靈活自如。

上步攬雀尾　一式

【動作說明】承上式不停，身體向左轉，右足前上一步成騎馬勢。

第六十九圖

第七十圖

同時，右手在腰間轉一小圓圈，用內纏絲再轉於胸前，手心朝下；左手用外纏絲落於丹田，手心朝上，如抱太極。兩目平視。如第六十九圖。

上步攬雀尾　二式

【動作說明】參閱二節第四十一圖併步攬雀尾同。（第七十圖）

上步攬雀尾　三式

【動作說明】參閱二節第四十二圖併步攬雀尾同。（第七十一圖）

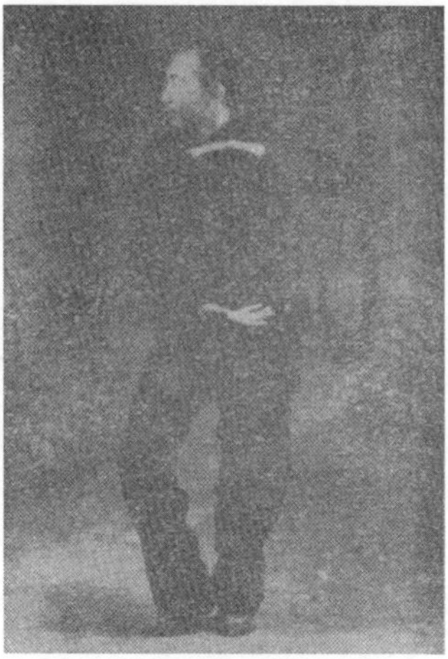

第七十一圖

第七十二圖

第七十三圖

上步攬雀尾　四式

【動作說明】參閱二節第四十三圖併步攬雀尾同。（第七十二圖）

上步攬雀尾　五式

【動作說明】參閱二節第四十四圖併步攬雀尾同。（第七十三圖）

第七十四圖

第七十五圖

上步攬雀尾　六式

【動作說明】參閱二節第四十五圖併步攬雀尾同。（第七十四圖）

上步攬雀尾　七式

【動作說明】參閱二節第四十六圖併步攬雀尾同。（第七十五圖）

單　鞭

【動作說明】參閱二節第四十七圖單鞭同。（第七十六圖）

第七十六圖

第七十七圖

第五節

雲手 一式

【名稱意義】雲手者兩手往來運行，如雲之旋轉綿綿不斷之謂也。

【動作說明】承上式不停，兩足原地不動。右手往前撩起。左足尖微向前轉動，腰力鬆和，推動身體往右擰轉，重點移於右腿。右手隨之往右雲轉，轉至身體右前面用內纏絲往外翻出，高與肩平，雲手時肘尖略垂，左手隨右手前撩停於右肋下。兩目隨手轉視。如第七十七圖。

歌曰：兩手轉環東復西　兩足橫行步法奇
來回運氣恒不已　雙懸日月照乾坤

雲手　二式

【動作說明】承上式不停，腰力鬆開，推動身體往左擰轉，重點移於左腿，右足進半步併於左足，兩腿下彎。左手隨之往左雲轉，轉至身體左前面用內纏絲翻出，高與肩平，雲手時肘尖略垂，右手隨左手前撩停於左肋下。兩目隨和注視。如第七十八圖。

第七十八圖

雲手　三式

【動作說明】承上式不停，左足

橫開一步。右手隨之往右雲轉。動作參照雲手一式同。如第七十九圖。

第七十九圖

雲手　四式

【動作說明】參閱七十八圖雲手二式同。（第八十圖）

第八十圖

雲手　五式

【動作說明】承上式不停，兩足原地不動。右手雲轉至身右，左手隨之撩起止於右腕下，右手即變太極鉤。兩目視鉤手如第八十一圖。

【用法】假如敵自右襲來，我以右手往外圓轉化去敵勁，趁勢翻掌發勁力擊之；或採住敵手，用左手撩擊敵陰部左邊如之。如敵從面前擊來，我左右手或採或捌，相機制敵，無不如意。

第八十一圖

【附註】此式為太極拳中重要姿勢，頭容宜正直，全賴腰力圓轉，動作往來綿綿不斷，如雲行曲折回還，圓轉一致，膀臂靈活，故能掩護全身。練時三盤動作合成一氣，勿使有凸凹斷續之病，始能應用。動作只此五式，不要任意增添，多少皆不合，非虛言也。

單　鞭

【動作說明】參閱二節第四十七圖單鞭同。（第八十二圖）

第八十二圖

第八十三圖

高探馬

【動作說明】參閱二節第四十八圖高探馬同。（第八十三圖）

右分腳　一式

歌曰：先將左腳向南橫　上抬右足面展平
右手從左先繞轉　轉上打下兩相迎

【名稱意義】分腳者為發達腿力，故用一足站穩，一足上踢，兩足上下分開，故名。

【動作說明】承上式不停，身體向左，左足尖外撇踏實，兩腿擰轉，重點移於左腿，右足踵提起後蹬，膝蓋下垂，右大腿抵住左大腿。同時，右手引回向左下撩，附於左肘外；左

第八十四圖

手陽掌上串，陰手扶於右曲池，右肘高與肩平，左肘低於右肘。兩目前視。此為預備式。如第八十四圖。

【用法】承前式，假如敵以右手擊來，我擺開敵手，趁勢以右肘擊敵胸部或下額。

右分腳　二式

【動作說明】承上式不停，左足不動，右足由腿後慢慢提起，膝與

胯平，足尖下垂；再慢慢踢出。同時，右手由胸前擺出，手腕落於右膝上，左手擺起停於左額上。兩目前視。如第八十五圖。

【用法】假如敵人進步靠身擊來，我即提膝撞敵小腹。敵如避膝外

第八十五圖

逃時，再用足尖彈力上踢敵燕，窩或中踢子筋，下踢膝蓋。

【附註】此式為身體各部平均發展，無處不至，而足之一部尤關重要。分腳之際，須注意頂勁，氣沉丹田，則立地之足始穩。踢出之足須緩緩提起。則氣固丹田。若由後直接踢出，則氣乃上浮，立地之足為分腳制動，失掉中心，立足不穩。學者當細心揣摩體會其要義，則不難而得。

左分腳　一式

歌曰：右足撤在左足旁　右足站立左足揚
左手右繞向下打　中氣貫足乃爾強

【動作說明】承上式不停，右足撤落於左足後踏實，重點移於右腿，左足微向後抽，足尖點地成魚鱗勢。同時，右手隨腿往後採挒，挒至身外下按上串劃一圓圈，陰手扶於左曲池；左手隨右手引回向右下撩附於右肘外，左肘高與肩平，右肘低於左肘。兩目前視。為預備式。如第八十六圖。

第八十六圖

左分腳　二式

【動作說明】承上式不停，右足不動，左足由腿前慢慢提起，膝與胯平，足尖下垂，再慢慢踢出。同時，左手由胸前擺出，手腕落於左膝上，右手擺起停於右額上。兩目前視。如第八十七圖。

【用法】參照右分腳二式第八十五圖通，故不再贅述。

第八十七圖

回身左分腳　一式

歌曰：再將右足扭向南　回轉身軀把腳揚

右手左繞向下打　左腳踢出快如風

【動作說明】承上式不停，以腰與右腿為軸向左後轉，左足提吊隨身往左後轉半圈落於右足前，足尖點地成魚鱗勢。同時（手法與左分腳一式同）。

第八十八圖

第八十九圖

回身左分腳　二式

【動作說明】參閱左分腳二式第八十七圖同。（第八十九圖）

摟膝拗步左　一式

【動作說明】承上式不停，左足收回襠前，足尖向下，膝蓋外撇。同時，右手同外纏絲屈回丹田左邊，再用內纏絲轉抬於右額角，左手原地轉掌外掛引回右燕窩。兩目注視左前方。如第九十圖。

第九十圖

第九十一圖

摟膝拗步左　二式

【動作說明】參閱第一節二十三圖左摟膝拗步二式同。（第九十一圖）

摟膝拗步右　一式

【動作說明】參閱第一節二十四圖右摟膝拗步三式同。（第九十二圖）

摟膝拗步右　二式

【動作說明】參閱第一節二十五圖右摟膝拗步四式同。（第九十三圖）

第九十二圖

第九十三圖

進步栽錘

歌曰：放開左足往前探　腰領健步入龍潭
　　　下擊一錘麗探珠　陡然回身劈華山

【名稱意義】進步栽錘者為太極五錘之四，因進一步由上往下栽插點擊敵穴，如同栽插樹木，故名。

【動作說明】承上式不停，身往後坐，重點移於左腿，右足尖上翹

第九十四圖

成坐勢。同時，右手組錘提回腰間，左手隨之引回右燕窩。再左足前進一步成左弓箭勢。右錘往左膝裡面栽擊。兩目隨錘擊下即回視後方。如第九十四圖。

【用法】假如敵人足踢我膝蓋，我即以此錘栽點敵足背穴。

【附註】此式身不要過傾，亦不可過於下探，一點擊即擰腰回顧後方。

第六節

白蛇吐信　一式

【名稱意義】白蛇吐信者取義兩腿婉轉靈活如蛇之盤，兩手伸縮如蛇鬚之吐信，故因此名之。

第九十五圖

【動作說明】承上式不停，身向右轉，兩腿轉成右弓箭步。同時，左手用外纏絲沉落腰間，右手往前劈出，肘尖下垂。兩目注視前手。如第九十五圖。

歌曰：顧住中氣如蛇盤　一吞一吐似婉然
動中求靜待機動　氣沉丹田如連環

白蛇吐信　二式

第九十六圖

【動作說明】承上式不停，右足尖外撇，身往右擰，兩腿亦隨腰擰轉擰至左膝蓋抵於右腿彎下，成坐盤勢。同時，右手用外纏絲抽回腰間護於子筋，左手用內纏絲經過右掌心上陰掌刺出，利用中指。兩目前視左手。如第九十六圖。

【用法】假如敵由後襲來，我以右手採住敵手，趁勢以左手上刺咽喉，中刺子午，下刺分水。

【附註】此式仿蛇之婉轉盤旋伸長，以氣貫串，首尾相應。坐盤要中正穩固，切忌前俯後仰、左右偎斜，現頹靡之狀。

左分腳　一式

歌曰：眼前壁立巍天關　劍閣中空谷口間

若遇英雄初到此　一腳踢倒萬重山

【動作說明】承上式不停，兩足原地不動，全身上起。右手由腰間上穿扶於左曲池，左手引回附於右肘外。兩目前視。如第九十七圖。

左分腳　二式

【動作說明】參閱五節第八十七圖左分腳二式同。（第九十八圖）

第九十七圖

第九十八圖

左右披身伏虎　一式

【名稱意義】左右披身者，左右閃轉披護全身；伏虎者，須頂精領住，腰精下注，足趾抵地，襠精圓撐，右拳在上，左拳在下，蹲坐如虎，全視在眼，眈眈虎視，其形兇惡，然太和元氣渾然中伏，內實柔順，蓄靈機之靜，以待敵之動，云爾故名。

第九十九圖

【動作說明】承上式不停，左足撤落於右足後，重點移於左腿成吞勢。同時，左手用外纏絲沉落於右子筋，手心向上，右手停於右額外。兩目前視。如第九十九圖。

歌曰：瞪眼搦拳相最凶　機關靈敏內藏胸

左右虛實先蓄勢　頂精領起是英雄

左右披身伏虎　二式

【動作説明】承上式不停，右足後退一步，重點移於右腿成呑勢。同時，左手貼身沉落至左胯外，再用內纏絲圓轉抬起停於左額外；右手用外纏絲沉落屈回左子筋，手心向上。兩目前視。如第一百圖。

第一百圖

左右披身伏虎　三式

【動作説明】承上式不停，兩足原地不動，身往右微擰。左手隨身略移至右肩，組錘貼身下插置於右膝上，虎口向內；右手貼身抽回右腰間轉一小圓圈，隨用內纏絲圓轉抬起組錘停於右額上。兩目前視。如第一百零一圖。

【用法】假如敵由面前以左手擊來，我往左一閃，即以右手攔出敵手。如敵再以右手擊來，我退一步往右一閃，以左手攔出敵手後。即以右錘擊敵太陽穴。

第一百零一圖

【附註】此式須腰脊活潑，退步輕靈穩固。手法精妙，以退為進，以守為攻，兩手運行須圓轉一致，始恪盡其妙用。伏虎時氣注丹田，顧盼要銳利。

雙鳳貫耳　一式

【名稱意義】此式兩錘自兩側直貫兩耳，如鳥雙翼上兜，故名。

【動作說明】承上式不停，身體上聳。右手用外纏絲沉落於丹田，

附三圖

第一百零二圖

左手用內纏絲抬起，兩手都向內攬一圓圈止於胸前，如抱圓球。左足踏實，右足蹬出，足尖上鉤，利用足跟力。如附三圖。

右足隨即落地前弓，後腿蹬直成右弓箭步。同時，兩手隨腿前弓往前擠推。兩目注視兩手。如第一百零二圖。

雙鳳貫耳　二式

歌曰：右足聳立最爲先　兩手懷抱在胸前

再將雙掌猛推出　引進再出看雙掌

【動作說明】承上式不停，身往後坐，重點移於左腿，右腿坡直，足尖上翹成坐勢。同時，兩手用外纏絲隨腿抽回腰間。右腿再前弓，後腿蹬直成右弓箭步。同時，兩手在腰間用搜肚手後即組錘隨腿前弓時由兩側分上貫擊兩耳。兩目隨手注視。如第一百零三圖。

【用法】假如敵當胸擊來，我即以兩手撥開敵手，乘機蹬敵腹部，再以兩手推擠兩將台穴，無不應手而倒。如敵以雙手夾擊吾命門，我即以搜肚手化去敵手，趁勢貫擊敵耳門穴，名曰黃峰入洞。

第一百零三圖

【附註】分腳腳面上挺，利用足尖蹬腳；腳尖上鉤，利用足跟。此分腳與蹬腳之分耳。

左蹬腳　一式

【名稱意義】利用足踵前蹬，故名。

【動作說明】承上式不停，身體向右轉。右足尖外撇踏實，兩腿擰轉，重點移於右腿，左腿後蹬，足跟提起，左膝下垂，左大腿抵住右大腿。同時，左手引回附於右肘外，右手陽掌上串，陰手扶於左曲池，左肘高與肩平，右肘低於左肘。兩目前視。為預備勢。如第一百零四圖。

第一百零四圖

歌曰：左腳向前朝上蹬　何怕敵人武藝精
回轉身來右蹬腳　上護百會中護胸

第一百零五圖

左蹬腳　二式

【動作說明】承上式不停，右足不動，左足由後緩緩提起，足背高與右膝平，足尖足踵取直，再慢弓蹬出。同時，左手由胸前擺出，手腕落於左膝上，右手擺起停於右額外。兩目前視。如第一百零五圖。

轉身右蹬腳　一式

【動作說明】承上式不停，右足不動，身往右後擰轉，左腿隨轉往身右後落地，重點移於左腿，右足亦轉動後移成魚鱗勢。同時，兩手隨身圓轉一周，都用外纏絲右手引回附於左肘外，左手陽掌上串陰手扶於右曲池，右肘尖高與肩平，左肘低於右肘。兩目前視。為預備勢。如第一百零六圖。

轉身右蹬腳　二式

【動作說明】承上式不停，左足不動，右足慢慢提起，足面高與左膝平，足尖足跟取直，再慢慢蹬出。同時，右手由胸前攌出，手腕落於右膝上，左手攌起圓轉停於左額外。兩目前視。如第一百零七圖。

【用法】假如敵襲吾頭部，我以左手掤起敵手，即以左足蹬敵右肋。

第一百零六圖

第一百零七圖

如敵再進步來擊，我撤步閃開，轉身掤起敵手，我即以右足登敵左肋。

【附註】左右蹬腳與轉身蹬腳意義相同，轉身與不轉身之分耳。注意頂勁，維持中心。

上步手揮琵琶勢

【動作說明】承上式不停，右足落地，足尖外撇，重點移於右腿，左足前上一步，足尖點地成吞勢。同時，左手下落至左臂後，再用外纏絲貼腰串出，經過右手背往前按去；右手隨即下落，用外纏絲按於丹田。兩目注視左手中指甲上。如第一百零八圖。

【附註】名稱意義及用法均參照第一節第二十一圖。

第一百零八圖

搬攔錘　一式

【動作說明】參閱一節第二十九圖搬攔錘一式同。（第一百零九圖）

搬攔錘　二式

【動作說明】參閱一節第三十圖搬攔錘二式同。（第一百十圖）

第一百零九圖

第一百十圖

搬攔錘　三式

【動作說明】參閱一節第三十一圖搬攔錘三式同。（第一百十一圖）

如封似閉　一式

【動作說明】參閱一節第三十二圖如封似閉一式同。（第一百十二圖）

如封似閉　二式

【動作說明】參閱一節第三十三圖如封似閉二式同。（第一百十三圖）

第一百十一圖

第一百十二圖

第一百十三圖

第一百十四圖

十字手　一式

【動作說明】參閱一節第三十四圖十字手一式同。（第一百十四圖）

十字手　二式

【動作說明】參閱一節第三十五圖十字手二式同。（第一百十五圖）

第一百十五圖

第七節

換勁　一式

【動作說明】參閱二節第三十六圖換勁一式同。（第一百十六圖）

換勁　二式

【動作說明】參閱二節第三十七圖換勁二式同。（第一百十七圖）

第一百十六圖

第一百十七圖

抱虎歸山　一式

【動作說明】參閱二節第三十八圖抱虎歸山一式同。（第一百十八圖）

抱虎歸山　二式

【動作說明】參閱二節第三十九圖抱虎歸山二式同。（第一百十九圖）

第一百十八圖

第一百十九圖

抱虎歸山　三式

【動作說明】參閱二節第四十圖抱虎歸山三式同。（第一百二十圖）

併步攬雀尾　一式

【動作說明】參閱二節第四十一圖併步攬雀尾一式同。（第一百二十一圖）

第一百二十圖

第一百二十一圖

併步攬雀尾　二式

【動作說明】參閱二節第四十二圖併步攬雀尾二式同。（第一百二十二圖）

併步攬雀尾　三式

【動作說明】參閱二節第四十三圖併步攬雀尾三式同。（第一百二十三圖）

第一百二十二圖

第一百二十三圖

併步攬雀尾　四式

【動作說明】參閱二節第四十四圖併步攬雀尾四式同。（第一百二十四圖）

併步攬雀尾　五式

【動作說明】參閱二節第四十五圖併步攬雀尾五式同。（第一百二十五圖）

第一百二十四圖

第一百二十五圖

併步攬雀尾　六式

【動作說明】參閱二節第四十六圖併步攬雀尾六式同。（第一百二十六圖）

單　鞭

【動作說明】參閱二節第四十七圖單鞭同。（第一百二十七圖）

第一百二十六圖

第一百二十七圖

野馬分鬃　一式

【動作說明】此式兩臂開展，左右運行，宛似野馬奔馳，其鬃左右分披之謂也。

【動作說明】承上式不停，身體後坐，重點移於右腿，左腿坡直，足尖上翹外撇成坐勢，腰往左擰。同時，右手用外纏絲撩往左腰間，掌心向上，左手隨腰引回落於右乳泉。兩目左顧。如第一百二十八圖。

第一百二十八圖

歌曰：一身獨入萬入中　將用何法禦群英
惟有飛風披左右　庶幾可以建奇功

野馬分鬃　二式

【動作說明】承上式不停，左足踏實，右足往右斜方上一步，足尖上翹隨即前弓踏實成右弓箭步。同時，左手陰手下搌至胯下，右手上搌至肩上，屈肘，掌心向內。兩目左顧。如第一百二十九圖。

野馬分鬃　三式

【動作說明】承上式不停，身體後坐，重點移於左腿，右腿坡直，足尖上翹外撇成坐勢，腰往右微擰。同時，左手用外纏絲撩至右腰間，掌心向上，右手隨腰引回落於左乳泉。兩目右盼。如第一百三十圖。

第一百二十九圖

第一百三十圖

第一百三十一圖

野馬分鬃　四式

【動作說明】承上式不停，右足踏實，左足往左斜方上一步，足尖一翹，隨即前弓踏實成左弓箭步。同時，右手下擺至胯下，左手上擺至肩上，肘曲掌心向內。兩目右盼。如第一百三十一圖。

野馬分鬃　五式

【動作說明】承上式不停，身往後坐，重點移於右腿，左腿坡直，足尖上翹外撇成坐勢，腰往左擰。同時，右手用外纏絲撩至左腰間，掌心向上，左手隨腰引回落於右乳泉。兩目左顧。如第一百三十二圖。

第一百三十二圖

第一百三十三圖

野馬分鬃　六式

【動作說明】承上式不停，左足踏實，右足往右斜方上一步，足尖上翹，隨即踏實成右弓箭步。同時，左手擺至胯下，右手上擺至肩上，屈肘，掌心向內。兩目左顧。如第一百三十三圖。

【用法】假如敵人迎面擊來，我以右手採住敵腕往左捌去，左手撤回進擊敵肋。敵如繞擊我左面，我以右手順採敵手，進左足拌住敵腿，斜伸左臂自敵肘下橫靠敵人，無不應手而倒。

【附註】此式要兩動作合為一勢。兩臂分合須腰胯一致，方為合宜。

上步手揮琵琶勢

【動作說明】承上式不停，身往後坐，重點移於左腿，右腿坡直成坐勢，隨即左足前進一步，足尖點地，重點移於右腿成吞勢。同時，右手隨身下按，左手用外纏絲上提至腰間，隨左足進時前串經過右手背上用內纏絲按出，右手用內纏絲按落於丹田。兩目前視。如第一百三十四圖。

第一百三十四圖

玉女穿梭　一式

歌曰：天上玉女弄金梭　一來一往織綾羅

誰知太極拳中象　兔走烏飛擬如何

【名稱意義】玉女者，非塵寰中之俗女；穿梭者，往來回環不斷如穿梭之狀，故名玉女穿梭，喻其手法之織巧也。

【動作說明】承上式不停，身體上起，左足尖上翹，含胸拔背。如附四圖。隨即踏實，右足前進半步，併於左足，兩腿下彎，同時，左手屈回胸前（陰手），右手用外纏絲下沉至丹田，再用內纏絲往上翻起止

附四圖

第一百三十五圖

於胸前（陰手），左手再用外纏絲手下沉止於丹田（陽手），兩手上下相對，如抱太極。兩目前視。如第一百三十五圖。

玉女穿梭　二式

【動作說明】承上式不停，重點移於右腿，左足前進一步，足尖上翹，腰往右微擰，左足隨即徐徐前弓成左弓箭步。同時，兩手隨腰往右移動，左手隨腿弓時用內纏絲往前托起，高與肩平；右手往前推擠至胸前，藏於左腕下。兩目前視。如第一百三十六圖。

玉女穿梭　三式

【動作說明】承上式不停，腰往右後轉，兩足轉至重點止於左腿，右腿坡直，足尖上翹成坐劈，隨即左足前進半步，併於右足，兩腿下彎。同時，右手略往前串，左手扶按手腕，右手陽掌隨腰往後掄轉至右肩外，左手貼右胳膊攌至膀根，右手再隨併步時由面前屈回停於右乳泉，左手止於胸前，藏於右腕後。兩目前視。如第一百三十七圖。

玉女穿梭　四式

【動作說明】承上式不停，右足前進一步，足尖上翹，重點移於左腿，右腿徐徐前弓踏實，成右弓箭步。同時，右手往前托掤，高與肩平；左手往前推擠，止於胸前，藏於右腕下。兩目注視前手。如第一百三十八圖。

第一百三十六圖

第一百三十七圖

第一百三十八圖

【用法】假如敵人以右手擊來，我左手一掤即往左捌，趁勢用右掌擊敵肋。如敵由後襲來，我轉身右手掄掛而出，化去敵手；敵再進右手時，我右手即往右一採，乘機進步於敵後，出掌擊之，無不應手而倒。

【附註】此二式轉身時須要腰腿靈活，相隨一致，不可稍呈呆滯之狀。

合手野馬分鬃　一式

【名稱意義】此式腰身圓轉，兩手分合如野馬左右回顧，其鬃分披，故名之。

【動作說明】承上式不停，身往後坐重點移於左腿，右腿坡直，足

第一百三十九圖

第一百四十圖

尖上翹成坐勢。同時，腰往右微擰，右足尖亦隨之外撇，腰再往左擰。同時，右手隨腰右擰時腕肘端平往後移動，手心向下，左手用外纏絲沉落至左胯外，右手再用外纏絲隨腰左擰時撩往左腰間，手心向上，左手再用內纏絲轉抬於右乳泉。兩目隨手注視。如第一百三十九圖。

合手野馬分鬃　二式

【動作說明】參閱本節第一百二十九圖野馬分鬃二式同。（第一百四十圖）

上步手揮琵琶勢

【動作說明】參閱本節第一百三十四圖手揮琵琶勢同。（第一百四十一圖）

玉女穿梭　一式

【動作說明】參閱本節第一百三十五圖玉女穿梭一式同。（第一百四十二圖）

第一百四十一圖

第一百四十二圖

玉女穿梭　二式

【動作說明】參閱本節第一百三十六圖玉女穿梭二式同。（第一百四十三圖）

玉女穿梭　三式

【動作說明】參閱本節第一百三十七圖玉女穿梭三式同。（第一百四十四圖）

第一百四十三圖

第一百四十四圖

玉女穿梭　四式

【動作說明】參閱本節第一百三十八圖玉女穿梭四式同。（第一百四十五圖）

退步手揮琵琶勢

【動作說明】承上式不停，右足後退一步，重點即落右腿，足尖外撇，左足尖點地成吞勢。同時，左手用內纏絲從右腕上往前擠出，右手隨右足退時用內纏絲手按落於丹田。兩目前視。如第一百四十六圖。

第一百四十五圖

姿勢與第一百三十四圖上步手揮琵琶勢同不另插圖

第一百四十六圖

第一百四十八圖

第一百四十七圖

第八節

併步攬雀尾　一式

【動作說明】承上式不停，右足尖向前轉落，兩腿下彎，重量平均，成騎馬勢。同時，左手用外纏絲撩至丹田，右手上抬至胸平，兩手如抱太極。兩目前視。

併步攬雀尾　二式

【動作說明】參閱二節第四十一圖併步攬雀尾一式同。（第一百四十八圖）

併步攬雀尾　三式

【動作說明】參閱二節第四十二圖併步攬雀尾二式同。（第一百四十九圖）

併步攬雀尾　四式

【動作說明】參閱二節第四十三圖併步攬雀尾三式同。（第一百五十圖）

第一百四十九圖

第一百五十圖

併步攬雀尾　五式

【動作說明】參閱二節第四十四圖併步攬雀尾四式同。（第一百五十一圖）

併步攬雀尾　六式

【動作說明】參閱二節第四十五圖併步攬雀尾五式同。（第一百五十二圖）

第一百五十一圖

第一百五十二圖

併步攬雀尾　七式

【動作說明】參閱二節第四十六圖併步攬雀尾六式同。（第一百五十三圖）

單　鞭

【動作說明】參閱二節第四十七圖單鞭同。（第一百一百五十四圖）

第一百五十三圖

第一百五十四圖

雲手 一式

【動作說明】參閱五節第七十七圖雲手一式同。（第一百五十五圖）

雲手 二式

【動作說明】參閱五節第七十八圖雲手二式同。（第一百五十六圖）

第一百五十五圖

第一百五十六圖

雲手三式

【動作說明】參閱五節第七十九圖雲手三式同。（第一百五十七圖）

雲手四式

【動作說明】參閱五節第八十圖雲手四式同。（第一百五十八圖）

第一百五十七圖

第一百五十八圖

雲手　五式

【動作說明】參閱五節第八十一圖雲手五式同。（第一百五十九圖）

單　鞭

【動作說明】參閱五節第八十二圖單鞭同。（第一百六十圖）

第一百五十九圖

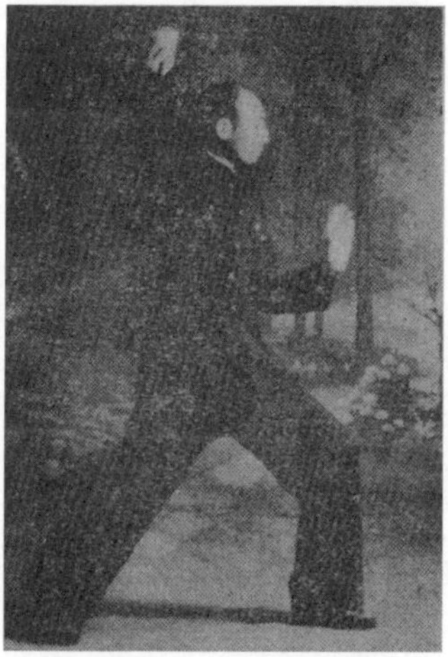

第一百六十圖

第一百六十一圖

下勢　一式

【名稱意義】下勢者身體往下潛伏，以柔避敵力之謂也。

【動作說明】承上式不停，右手用外纏絲往前撩起至左手後，此際身往後坐，重點移於右腿，左腿坡直，足尖上翹成坐勢。同時，兩手用外纏絲抽回腰間護於子筋。兩目前視。如第一百六十一圖。

歌曰：一縷浩然往下行　坐中能令四座驚
此身若非成鐵漢　擲地何來金石聲

下勢　二式

【動作說明】承上不停，左足前弓，右腿後登成左弓箭步。同時，

第一百六十二圖

兩手在腰間用摟肚手即往前挑起，右手止於左手後，高與肩平。此時右足再往後橫開半步，重點移於右腿，極下蹲，左腿隨之下仆，腰往下塌，成塌勢。兩手隨右腿開步時即往下攦按，左手止於左膝褲，右手止於丹田左部，兩手心遙遙相對。兩目隨手下視，定式後再前視。如第一百六十二圖。

【用法】假如敵變手擊於兩肋，我兩手用摟肚手掛出敵手。如敵再以足踢來，我即以雙手捌住敵腿往下攦。如敵後掙，我趁機順水推舟將敵送出而倒之。

【附註】此式身體下蹲，脊椎骨須直立，不宜前伏。膝臂屈伸務須與身體起落一致。

金雞獨立

歌曰：一條金蛇拖玉堂　忽然聳起立中央
　　只說兩手懷中抱　誰知膝膝也難防

【名稱意義】雞有獨立之能，古有木雞養德之稱。雞喜獨立，巍然不動，取其意故名之。

第一百六十三圖

【動作說明】承上式不停，身體上前聳起，左足獨立，右腿提起，足尖下垂。同時，兩手隨身體上起時右手用外纏絲從左手下往前撩出，左手曲回胸前，即用外纏絲沉落止丹田，右手再用內纏絲由前翻上引回胸前，如抱太極。兩目前視。如第一百六十三圖。

【用法】假如敵靠身擊來，我以右手撩其陰，或以膝蓋撞敵小腹。

落地探掌

歌曰：右足落地左足懸　上探左掌往前穿
英雄若會其中意　勿笑金雞一脈傳

【名稱意義】探掌者，往前探取之意。古語云：探囊取物。此名落地探掌，喻以此式取敵之易耳，故名。

第一百六十四圖

【動作說明】承上式不停，右足往前落地獨立，左足提起即往前踢，迅速收回，足尖下垂，名窩肚腳。同時，左手由下上串從右手背上探出，止於左膝上；右手從左肘下抽回腰間，用內纏絲抬於右耳旁。兩目前視。如第一百六十四圖。

【用法】如敵以左手擊來，我以右手按住敵手，下取敵陰，上取敵咽喉。

【附註】此二勢兩腿更換獨立平衡，增進腿部支拄力與膝部之彈簧力。

第九節

倒攆猴　一式

【動作說明】參閱二節第五十圖倒攆猴一式同。（第一百六十五圖）

倒攆猴　二式

【動作說明】參閱二節第五十一圖倒攆猴二式同。（第一百六十六圖）

第一百六十五圖

第一百六十六圖

第一百六十七圖

倒攆猴　三式

【動作說明】參閱二節第五十二圖倒攆猴三式同。（第一百六十七圖）

第一百六十八圖

附二圖

倒攆猴　四式

【動作說明】參閱二節第五十三圖倒攆猴（附二圖）四式同。（第一百六十八圖）

斜飛勢　一式

【動作說明】參閱三節第五十四圖斜飛勢一式同。（第一百六十九圖）

第一百六十九圖

斜飛勢　二式

【動作說明】參閱三節第五十五圖斜飛勢二式同。（第一百七十圖）

左右琵琶勢　一式

【動作說明】參閱一節第十二圖左右琵琶勢一式同。（第一百七十一圖）

第一百七十圖

第一百七十一圖

左右琵琶勢　二式

【動作說明】參閱一節第十三圖左右琵琶勢二式同。（第一百七十二圖）

提手上勢　一式

【動作說明】參閱一節第十四圖提手上勢一式同。（第一百七十三圖）

第一百七十二圖

第一百七十三圖

提手上勢　二式

【動作說明】參閱一節第十五圖提手上勢二式同。（第一百七十四圖）

白鶴亮翅　一式

【動作說明】參閱一節第十六圖白鶴亮翅一式同。（第一百七十五圖）

第一百七十四圖

第一百七十五圖

白鶴亮翅　二式

【動作說明】參閱一節第十七圖白鶴亮翅二式同。（第一百七十六圖）

白鶴亮翅　三式

【動作說明】參閱一節第十八圖白鶴亮翅三式同。（第一百七十七圖）

第一百七十六圖

第一百七十七圖

左摟膝拗步　一式

【動作說明】參閱一節第十九圖左摟膝拗步一式同。（第一百七十八圖）

左摟膝拗步　二式

【動作說明】參閱一節第二十圖左摟膝拗步二式同。（第一百七十九圖）

第一百七十八圖

第一百七十九圖

海底針

【動作說明】參閱三節第六十五圖海底針同。（第一百八十圖）

肩通臂

【動作說明】參閱三節第六十六圖肩通臂同。（第一百八十一圖）

第一百八十圖

第一百八十一圖

轉身撇面錘　一式

【動作說明】參閱四節第六十七圖轉身撇面錘一式同。（第一百八十二圖）

轉身撇面錘　二式

【動作說明】參閱四節第六十八圖轉身撇面錘二式同。（第一百八十三圖）

第一百八十二圖

第一百八十三圖

上步攬雀尾　一式

【動作說明】參閱四節第六十九圖上步攬雀尾一式同。（第一百八十四圖）

上步攬雀尾　二式

【動作說明】參閱四節第七十圖上步攬雀尾二式同。（第一百八十五圖）

第一百八十四圖

第一百八十五圖

上步攬雀尾　三式

【動作說明】參閱四節第七十一圖上步攬雀尾三式同。（第一百八十六圖）

上步攬雀尾　四式

【動作說明】參閱四節第七十二圖上步攬雀尾四式同。（第一百八十七圖）

第一百八十六圖

第一百八十七圖

上步攬雀尾五式

【動作說明】參閱四節第七十三圖上步攬雀尾五式同。（第一百八十八圖）

上步攬雀尾六式

【動作說明】參閱四節第七十四圖上步攬雀尾六式同。（第一百八十九圖）

第一百八十八圖

第一百八十九圖

上步攬雀尾　七式

【動作說明】參閱四節第七十五圖上步攬雀尾七式同。（第一百九十圖）

單　鞭

【動作說明】參閱四節第七十六圖單鞭同。（第一百九十一圖）

第一百九十圖

第一百九十一圖

雲手 一式

【動作說明】參閱五節第七十七圖雲手一式同。（第一百九十二圖）

雲手 二式

【動作說明】參閱五節第七十八圖雲手二式同。（第一百九十三圖）

第一百九十二圖

第一百九十三圖

雲手　三式

【動作說明】參閱五節第七十九圖雲手三式同。（第一百九十四圖）

雲手　四式

【動作說明】參閱五節第八十圖雲手四式同。（第一百九十五圖）

第一百九十四圖

第一百九十五圖

雲手 五式

【動作說明】參閱五節第八十一圖雲手五式同。（第一百九十六圖）

單 鞭

【動作說明】參閱五節第八十二圖單鞭同。（第一百九十七圖）

高探馬

【動作說明】參閱二節第四十八圖高探馬同。（第一百九十八圖）

第一百九十六圖

第一百九十七圖

探掌

【名稱意義】參照八節一百六十四圖同。

【動作說明】承上式不停，左腿前弓，右腿後登成左弓箭步。同時，右手屈回左燕窩，左手陽掌從右手背上探出，左手再向左擰轉，高與肩平。兩目注視右後方。如第一百九十九圖。

第一百九十八圖

第一百九十九圖

十字單擺蓮

歌曰：左掌探出較短長　前後左右皆可防
惟有橫拴困我手　兵困垓心肩最良

【名稱意義】十字者，因手腿交叉如十字。單者別於雙之稱擺蓮者，取蓮花風中擺蕩，常作十字形以腿擺踢之謂也。

【動作說明】承上式不停，左足尖往右移轉，重點注於左腿，獨立支柱全身，右腿由後往左抬起，再往右擺踢。右手不動；同時，左手待右足擺時在足面一拍，左手停如右肩前尺許。兩目前視如第二百圖。

第二百圖

【用法】假如敵人由後襲來，我轉身以腿擊之。

【附註】此式右腿擺起空虛堪虞，須起落如風，迅速敏捷，方為得勢。

第十節

摟膝拗步 左一式

【動作說明】承上式不停，右足落下，足尖外撇，重點移於右腿；左足尖向右微擰，足跟提起，兩大腿相抵；左足再往左斜方出一步。同時，右手用外纏絲下掛至右胯外，再用內纏絲圓轉抬起止於右額角，左手引回右燕窩。兩目顧視左斜方。如第二百零一圖。

第二百零一圖

摟膝拗步　左二式

【動作說明】參閱一節第二十三圖左摟膝拗步二式同。（第二百零二圖）

摟膝拗步　右一式

【動作說明】參閱一節第二十四圖右摟膝拗步三式同。（第二百零三圖）

第二百零二圖

第二百零三圖

摟膝拗步　右二式

【動作說明】參閱一節第二十五圖右摟膝拗步四式同。（第二百零四圖）

第二百零四圖

進步指襠錘

歌曰：衆敵環攻難出群　左肱右足掃三軍
上步直取要害地　打得群雄亂紛紛

【名稱意義】進步指襠錘者，因由後前進直指敵襠，如直指某物索取之意，故名之。在太極拳最負盛名之五錘，盡如此矣。一搬攔錘，二肘底看錘，三轉身撇面錘，四進步栽錘，五進步指襠錘是也。

第二百零五圖

【動作說明】承上式不停，身體後坐，重點移於左腿，右腿披直，足尖上翹成坐勢。同時，左手引回右弱窩，右手在右膝外組錘抽提腰間。再右足踏實，重點移於右腿，左足前進一步，足跟落地，徐徐前弓右腿蹬直成左弓箭步。同時，右錘隨左腿弓時往前直指敵襠，高與小腹平。兩目前視。如第二百零五圖。

【用法】假如敵由前擊來，我以左手向右攌出敵手，乘勢進步直擊敵小腹，無不應手而倒。

【附註】此式右錘進擊時，右臂探出，身無前傾，力由脊發，始克得其要領。

併步攬雀尾　一式

【動作說明】參閱四節第六十九圖併步攬雀尾一式同。（第二百零六圖）

併步攬雀尾　二式

【動作說明】參閱二節第四十一圖併步攬雀尾一式同。（第二百零七圖）

第二百零六圖

第二百零七圖

併步攬雀尾　三式

【動作說明】參閱二節第四十二圖併步攬雀尾二式同。（第二百零八圖）

併步攬雀尾　四式

【動作說明】參閱二節第四十三圖併步攬雀尾三式同。（第二百零九圖）

第二百零八圖

第二百零九圖

併步攬雀尾　五式

【動作說明】參閱二節第四十四圖併步攬雀尾四式同。（第二百十圖）

併步攬雀尾　六式

【動作說明】參閱二節第四十五圖併步攬雀尾五式同。（第二百十一圖）

第二百零十圖

第二百十一圖

併步攬雀尾　七式

【動作說明】參閱二節第四十六圖併步攬雀尾六式同。（第二百十二圖）

單　鞭

【動作說明】參閱二節第四十七圖單鞭同。（第二百十三圖）

第二百十二圖

第二百十三圖

第十一節

下勢　一式

【動作說明】參閱八節第一百六十一圖下勢一式同。（第二百十四圖）

下勢　二式

【動作說明】參閱八節第一百六十二圖下勢二式同。（第二百十五圖）

第二百十四圖

第二百十五圖

上步七星錘

歌曰：太極七星弄雙丸　盈虛消長息波瀾
只要日久無稍懈　妙理循環自貫通

【名稱意義】講太極拳者我不知太極五錘之稱。然七星錘亦錘也，因何不列名於五錘之內並稱謂六？蓋七星非他，即頭肩肘手胯膝足七部，均具擊人之性能，故在太極演式將盡時以七星錘之名代表七部，示後學者知所運用各部之義云耳，故未列也。

第二百十六圖

【動作說明】承上式不停，身體上聳，重點移於左腿，右足前進一步，足尖點地成吞勢。同時，兩手略往前推至左膝上，往左右擺開，隨擺隨抬，抬至肩平，兩膀圓撐，再組錘

落於胸前，兩肘下垂，左錘在外，右錘在內，兩手腕十字交叉於胸前。兩目前視。如第二百十六圖。

【用法】承上式，如敵以雙手擊來，我即以兩手往下採挒敵手。如敵後掙，趁勢擺開敵手，進步擊敵胸部。

【附註】技擊家多有以雙拳交叉拱抱於胸前，名為七星太極拳。兩手是錘，並非雙拳。學者應加注意，勿得以魚目混珠為要。

退步胯虎

歌曰：微縮身軀似優柔　兩手轉環弄圓球
　　退步胯虎吞身勢　一虛一實碧峰頭

【名稱意義】退步胯虎者，假敵為虎，我雖以雙手搏敵，退一步亦能用胯制敵，故名。

【動作說明】承上式不停，身體略起，左手用外纏絲貼身往左胯外

第二百十七圖

沉落，再抬起屈回胸前（左手在身左劃一圓圈）；右手上抬至右額外，再用外纏絲沉落至右胯，再貼身上串至胸前止於左腕內（右手在身右劃一圓圈）。再右足後退一步，重點移於右腿，左足尖點地成吞勢。同時，左手往左捌至左肩外，停手成太極鉤，右手往右採至右肩外，掌心向前，兩手高與肩平。兩目注視前方。如第二百十七圖。

【用法】假敵以足踢我下部，我即以左手往下按去敵足。敵再以雙手擊來，我即以兩手分開敵手，相機進擊，無不如意。

【附註】此式手足分兩截說明，以再字為關鍵，學者應細心聯成一氣研習，勿以辭害為要。

轉身上步探掌

【名稱意義】此式轉身上步，探刺敵人要害之意，故名。

【動作說明】承上式不停身體往右後轉，右足尖向右轉，左足也隨之轉移，重點暫在左足。隨即左足前進一步前弓，右腿登直成左弓箭步。同時，右手隨身轉移至面前，左手用外纏絲沉落腰間，手背貼腰，經過右手上往前探出。左手再向左擰轉。兩目注視右後方。如第二百十八圖。

第二百十八圖

【用法】假如敵人由後襲來，我迅速轉身含胸閃開敵手，即以右手順勢採住敵手，進步探刺敵人要害。

【附註】此式注意轉身，含胸為本式身法關鍵。

十字雙擺蓮

歌曰：左手上穿倒轉躬　先卸右肱讓英雄

再將兩手向右拍　右腳橫擺奪化工

【名稱意義】十字雙擺蓮者別於單擺蓮之稱，故名。

【動作說明】承上式不停，左足尖往右轉，重點移於左腿，獨立支柱全身，右腿由後往左抬起，再往右擺踢。同時，兩手待右足擺時雙手在右足面上一拍，足未落地雙手停於身前。兩目前視。如第二百十九圖。

【用法】與十字單擺蓮同，故不多贅。

【附註】此式因拍照，故又恐與射虎相混，故擺踢之腿即未落地。

第二百十九圖

彎弓射虎

歌曰：右足前弓襠圓撐　雙手上採似挽弓
虛實頂勁精神足　氣貫兩膀走蛟龍

【名稱意義】此式取法彎弓射猛虎之義，故名。

【動作說明】承上式不停，右足落於身體右前方，足尖上翹。即慢慢前弓，左腿蹬直成右前弓箭步。同時，兩手收回腹部組錘，右錘隨右腿弓時抬起停於右額上，左錘隨右錘上擊，高與肩平，距右肩尺許，大臂微貼於左乳前。兩目注視前方。如第二百二十圖。

第二百二十圖

【用法】假如敵由我右方擊來，我右手由下往上掤托敵手，趁機以左

第二百二十一圖

錘擊之。

【附註】此式形似勇猛，而體則必須柔和，勿用猛力為要。

上步探掌

【名稱意義】此式前上一步探敵要害之意。

【動作說明】承上式不停，左足前進一步前弓，右腿後蹬成左弓箭步。同時，右手沉落引回左燕窩，左手陽掌從右手背上探出直前，手指高與肩平。兩目注視前手。如第二百二十一圖。

第二百二十二圖

第二百二十三圖

第十二節

轉身撇面錘　一式

【動作說明】參閱四節第六十七圖轉身撇面錘一式同。（第二百二十二圖）

轉身撇面錘　二式

【動作說明】參閱四節第六十八圖轉身撇面錘二式同。（第二百二十三圖）

併步攬雀尾　一式

【動作說明】參閱四節第六十九圖併步攬雀尾一式同。（第二百二十四圖）

併步攬雀尾　二式

【動作說明】參閱四節第七十圖併步攬雀尾二式同。（第二百二十五圖）

第二百二十四圖

第二百二十五圖

併步攬雀尾　三式

【動作說明】參閱四節第七十一圖併步攬雀尾三式同。（第二百二十六圖）

併步攬雀尾　四式

【動作說明】參閱四節第七十二圖併步攬雀尾四式同。（第二百二十七圖）

第二百二十六圖

第二百二十七圖

併步攬雀尾　五式

【動作說明】參閱四節第七十三圖併步攬雀尾五式同。（第二百二十八圖）

併步攬雀尾　六式

【動作說明】參閱四節第七十四圖併步攬雀尾六式同。（第二百二十九圖）

第二百二十八圖

第二百二十九圖

併步攬雀尾　七式

【動作說明】參閱四節第七十五圖併步攬雀尾七式同。（第二百三十圖）

單　鞭

【動作說明】參閱四節第七十六圖單鞭同。（第二百三十一圖）

第二百三十圖

第二百三十一圖

合太極　一式

【動作說明】合太極者動則分，靜則合，由動而歸於靜，亦即歸本還原之義。

第二百三十二圖

【動作說明】承上式不停，右足在左足後前進半步，重點移於右腿，左足尖點地成吞勢，身再往右轉，左足跟隨往左移踏實，兩足寬度以肩為準，兩腿下彎。同時，右手用外纏絲撩往左前方，停於右手背下，高與肩平，兩手隨身再移至胸前，右手在外，左手在內，兩手往左右微擺捧於胸前。兩目向前平視。

歌曰：剛柔相濟順自然　一陰一陽理循環
由動反靜皆奧義　平心靜氣歸本原

第二百三十三圖

第二百三十四圖

合太極　二式

【動作說明】承上式不停，身體徐徐上起至直立止。同時，兩手隨身起時緩緩下按至大腿兩旁，手指自然下垂，兩目平視。如第二百三十三圖。

合太極　三式

【動作說明】承上式不停，右足原地不動，左足收回。兩足跟並立於十字當中，足尖外撇成無極式。如第二百三十四圖。

【附註】此為盤架完畢，以意行

氣，沉於丹田，神舒體靜，復本歸原之義也。

五言古風

太極理循環　相傳不計年　此中有精義　動靜皆無愆　收來名為引
於出箭離弦　虎豹深山踞　蛟龍飛潭淵　開合原無定　屈伸勢相連
太極分陰陽　神龍變無方　天地為父母　摩蕩柔與剛　生匕原不已
奇正不尋常　乾坤如槖籥　太極一大囊　盈虛消息故　皆在此中藏
至終復自始　一氣運馳張　有形歸無跡　物我兩相忘　太極拳中路
功夫最為先　循序無躐等　人儘自合天　空談皆漲墨　實運是真詮
鳶飛上戾天　魚躍下入淵　上下皆真趣　主宰貴精研　若問其中意
道理妙而玄　往來如晝夜　日月耀光圓　會得真妙訣　此即太極拳
凡事都如此　不但在肘間　返真歸樸後　就是活神仙　隨在皆得我

太極自神全

推手說略

推手者，兩人對手所以致其用也。敵之來手不一，何能執定之勢以應敵？故曰太極無定勢。

運用掤攦擠按採挒肘靠八法，貼隨粘連週而復始，圓轉靈活以求懂勁，雖變化萬端而理惟一貫。此所謂得其一而萬法畢。

惟初習推手不能不分階段。如初推手，甲乙上場對立，乙出左足成弓箭步，復甲出左足成坐勢，各出左手兩腕掤合，高與肩平，曰單搭手。甲再出右手向乙大臂擠按，曰雙搭手。

乙承上式，束肩至胸前化去甲勁，再將右手提至燕窩，以右手背撥去甲手，右手翻掌採住甲右手腕；同時以左手擠按甲右大臂上，原地不

動，互相循環撥推，曰原地雙推手。

由原地推手變合步推手。甲推乙，乙左足略提，甲後足亦略提。乙再推甲，甲左足略提，乙後足亦略提；手法與雙推手同。順走圓圈，或逆走圓圈，或走直線，曰合步雙推手。

由合步推手變九宮推手。甲圓轉左走三步，乙圓轉右走三步，合為六步，甲乙左右各空一步，形成八卦九宮之象，名曰九宮步。

由九宮推手變大攌推手。甲攻乙黏隨擠按前走三步，後足提起，乙向後粘連攌化退走三步，前足提起，換手換步，走成四正四隅，名曰大攌推手。

凡各種推手，手有左右之分，步有拗步順步之別，任意變換，不能執一而定。由大攌推手更可變合步或九宮或單推手。手法、步法循環變化，從心所欲，此所謂得其一而萬法畢矣。

推手八字訣

掤 架也，烘托也。在太極拳中由下而上掤架敵力，使敵不得著我，曰掤。

攦 舒也，展布也。在太極拳中遇敵交手時攦，用攦法引之向前，以化散其勁，曰攦。

擠 排也，推也。在太極拳中以手腕臂肘推擁敵人各部，使其不能前進，曰擠。

按 抑也，捺也。在太極拳中遇敵襲擊時，用勁抑按敵人各部，使其勁失效，曰按。

採 取也，在太極拳中以攫取敵人各部，曰採。

挒 轉移之意也。在太極拳中挒住敵人各部，使其前傾，或趁其來

勁仍使其後仰之謂也。

肘　胳膊彎曲處其外側骨節曰肘。在太極拳中常在推擠擁靠中用肘。

靠　偎也，依也。在太極拳中之靠手尤為重要。蓋無論何勢，非相靠不能懂勁，而後始可粘黏隨連以擊敵也。

十三勢推手秘訣歌

掤手兩臂要圓撐　動靜虛實任意攻　搭手攦開擠手使

敵欲還招勢難逞　按手用著傾似倒　二把採住不放鬆

來勢兇猛挒手用　肘靠隨時任意行　進退反側應機走

何怕敵人藝業精　遇敵近身迫近打　顧住三前盼七星

敵人近前來打我　閃開中定走橫中　太極十三字中法

變化無窮妙更生

推手三觀須知

三觀者，眼分三觀。與人打手，須知上觀其頭，中觀其膀尖，下觀其膝蓋。蓋人欲進，頭先動，步後到。人欲打，膀先動，手後到。人欲蹋，膝先動，腳後到。凡與人一交打手，即時刻注意其上中下三部。常常練習，須至人不知我，我先知人，則應敵時方不致為敵所乘。

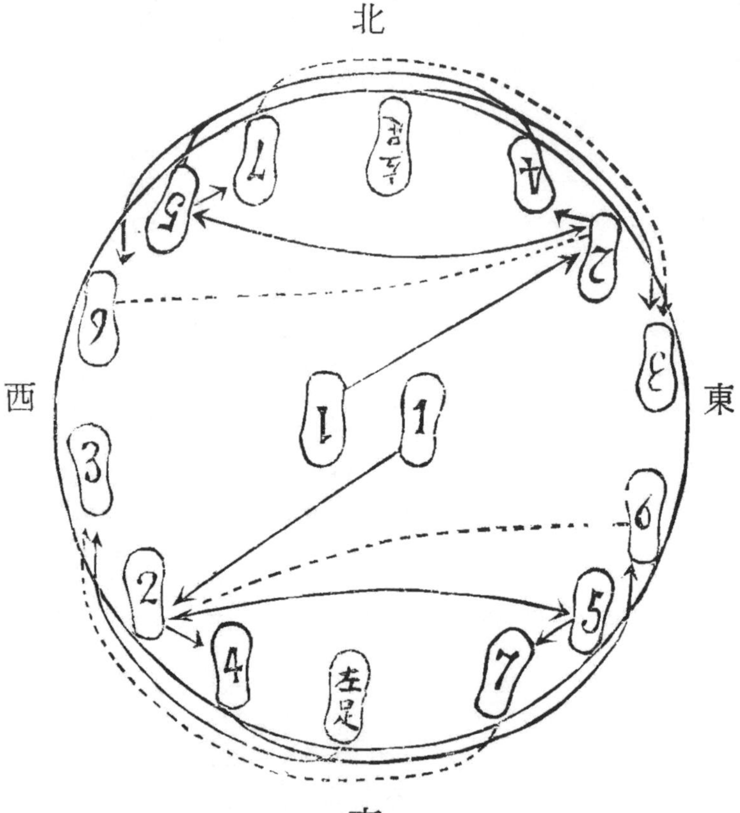

九宮推手方位圖

單搭手

各式推手起勢曰單搭手（凡甲乙已交搭手及以下各推手須知，粘隨黏連，不丟不頂之意義）。

【動作說明】（甲）（乙）二人上場對立併步站，無極勢。（甲）出右足成右弓箭步，以右手背擊乙右耳門。（乙）即出右足，重點注於左腿，右腿坡直成坐勢；同時，以右掌掤迎甲右手腕，兩肘下垂，兩手

第一圖

高與肩平。（甲）（乙）兩目互相注視兩手，名曰金龍探爪，此式為上盤。如第一圖。

單推手　一式

【動作說明】（乙）承上式不停，右腿前弓，左腿蹬直成右弓箭

第二圖

第三圖

步。以腰力推動右手用外纏絲往前擠出。（甲）見乙右手擠來，身往後坐，重點移於左腿，右腿坡直，足尖上翹成坐勢。同時，右手用內纏絲向胸前內合，引導乙右手至胸前，化去來勁。（甲）（乙）互相注視兩手。如第二圖。

單推手　二式

【動作說明】（甲）承上式不停，右腿前弓，左腿蹬直成右弓箭步。以腰力推動右手用外纏絲往前擠出。（乙）見甲右手擠來，身往後坐，重點移於左腿，右腿坡直，足尖上翹成坐勢。同時，右手用內纏絲向胸前內合，引導甲右手至胸前，化去來勁。（甲）（乙）互相注視前手。如第三圖。

【附註】單推手一二式連貫一致。在甲乙二人面前外掛內合，循環不斷，方能推成圓圈。單推雙推內分上中下三盤。推上盤高與肩平；推中盤高與胸平；推下盤高與膝平，故曰推上盤，顧中盤，走下盤始能靈活圓滿。

單推手換手　一式

【動作說明】（甲）承上式不停，想換手時即乘乙往前推擠之際，翻手採住乙右腕。同時，右足後退一步，重點移於右腿，左腿坡直，足尖上翹。（乙）被甲採挒時左足迅即前上一步成左弓箭步。同時，以左手背掤架甲右手裡腕。（甲）即以左手腕掤架乙左手腕，成雙十字形。

第四圖

第五圖

（甲）（乙）互相注視兩手。如第四圖。

單推手換手 二式

【動作說明】（甲）承上式不停，右手放開，用外纏絲往前擠推。（乙）左手引導內合再循環，擠推手法與二圖、三圖同。左右手足互相交換即妥，再換手。姿勢甚多，不能一一贅述，但擇其要者註明。久推生巧，變換無窮，甲乙互相注視兩手。如第五圖。

原地推手　一式

【動作說明】原地推手起勢由單搭手掤合，再用雙搭手上場，金龍探爪姿勢動作與單搭手同。（乙）左腿前弓，右腿蹬直成左弓箭步。同時，左手內纏絲攏住甲左大臂上，曰雙搭手。（甲）被乙擠身往後坐，重點移

第六圖

於右腿，左腿坡直，足尖上翹成坐勢。同時，左手用外纏絲引導至胸前，化去來勁，右手提起止於燕窩，兩膀圓撐。（甲）（乙）互相注視兩手，名曰鍾期聽琴。此式為中盤。如第六圖。

原地推手　二式

【動作說明】（甲）承上式不停，被乙擠按時以右手背撥去乙右

第七圖

第八圖

手，左胳膊用內纏絲向下盤伸直，手心向外。（乙）左手仍攏按甲左手腕上。（甲）（乙）互相注視兩手，名曰老龍舒筋。此式為下盤。如第七圖。

原地推手　三式

【動作說明】（甲）承上式不停，左腿前弓，右腿蹬直成左弓箭步。同時，右手再用內纏絲攏按乙右手腕，左手用內纏絲搭擠乙右大臂上往前擠按。（乙）被甲擠身往後坐，重點移於右腿，左腿坡直，足尖上翹成坐勢。同時，右手用外纏絲引導至胸前，化去來勁，左手提起止於燕窩，兩膀圓撐，再經過上中下三盤往來撥推，循環不斷。（甲）（乙）互相注視兩手。如第八圖。

原地推手換手

【動作說明】（甲）左手用內纏絲反採乙左手腕，右手用內纏絲掤擠。（乙）左大臂上曰鍾期聽琴，再經老龍舒筋往來撥推，循環不斷換手。（甲）（乙）不定，左右相同，切無拘執。甲乙互相注視兩手如第九圖。

第九圖

合步推手　一式

【動作說明】上場姿勢與原地推手一式同。（甲）左腿前弓，右足略

第十圖

提。同時，左手用內纏絲攏住乙左手腕，乘勢提起右手搭擠乙左大臂上。（乙）被甲擠身往後坐，重點移於右腿，左腿坡直，足尖上翹，足跟略提。同時，左手用外纏絲引導至胸前，化去來勁，右手提起止於燕窩，兩膀圓撐。（甲）（乙）互相注視兩手。如第十圖。

合步推手　二式

【動作說明】（乙）承上式不停，左足落地踏實，右腿略提。同時，以右手背撥去甲右手，再翻手以左手攏住甲左手腕，右手經過老龍舒筋，用內纏絲搭擠甲左大臂上。（甲）右足落地，身往後坐，左腿坡直，足尖上翹，足根略提。同時，左手用外纏絲引導至胸前，化去來

第十一圖

第十二圖

勁，右手提起止於燕窩，兩膀圓撐。（甲）（乙）互相注視兩手。如第十一圖。

合步推手換手

【動作說明】（甲）（乙）換手與原地推手、換手同合步行動。（甲）徐徐往右轉走。（乙）隨之徐徐移動換手後。（甲）再徐徐往左轉走。（乙）再隨之徐徐移動，或走圓圈，或直行均可。換手左右相同，熟練後（甲）（乙）隨時變換，任意施行。如第十二圖。

九宮推手　一式

【動作說明】上場姿勢與原地推手之雙搭手同。

（甲）右足由1移於2，成交叉十字步。同時，以右手用內纏絲攏住乙右手腕，左手用內纏絲掤擠乙右大臂上。（乙）被甲擠右足由1移於2，成交叉十字步。同時，右手微向內引，左手提於燕窩，兩膀圓撐。（甲）（乙）互相注視兩手。如第十三圖。

第十三圖

九宮推手　二式

【動作說明】（乙）承上式不停，左足由後移於3，成右弓箭步。同時，右手經過老龍舒筋，翻手用內纏絲搭擠甲左大臂上，左手用內纏

第十四圖

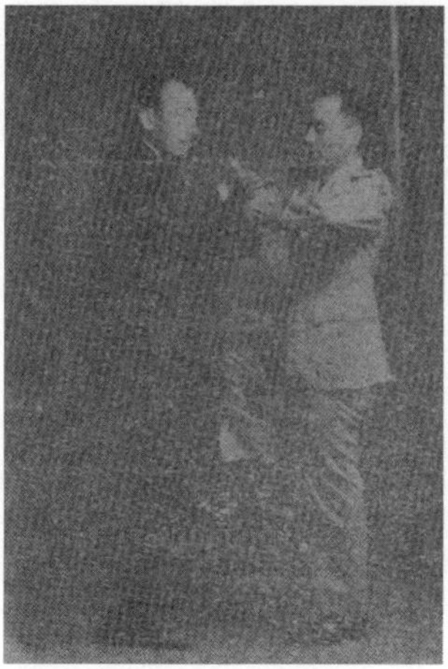

第十五圖

絲攏住甲左手腕。（甲）被乙擠左足由後移於3，成右弓箭步。同時，左手微向內引，右手提於燕窩，兩膀圓撐。（甲）（乙）互相注視兩手。如第十四圖。

九宮推手　三式

【動作說明】（甲）承上式不停，左腿微彎站穩，右足略提。同時，左手經過老龍舒筋翻手用內纏絲搭擠乙右大臂上，右手用內纏絲攏住乙右手腕。（乙）被甲擠左腿微彎站穩，右足略提。同時，右手微向內

第十六圖

引，左手提於燕窩，兩膀圓撐。（甲）（乙）互相注視兩手。如第十五圖。

九宮推手　四式

【動作說明】（乙）承上式不停，右足落於4，成右弓箭步。同時，右手經過老龍舒筋翻手用內纏絲搭擠甲左大臂上，左手用內纏絲攏住甲左手腕。（甲）被乙擠右足落於4，成右弓箭步。同時，左手微向內引，右手提於燕窩，兩膀圓撐。（甲）（乙）互相注視兩手。如第十六圖。

九宮推手　五式

【動作說明】（甲）承上式不停，左足移於5，成交叉十字步。同

第十七圖

時，左手經過老龍舒筋翻手用內纏絲搭擠乙右大臂上，右手用內纏絲攏住乙右手腕。（乙）被甲擠左足移於5，成交叉十字步。同時，右手微向內引，左手提於燕窩，兩膀圓撐。（甲）（乙）互相注視兩手。如第十七圖。

九宮推手　六式

【動作說明】（甲）承上式不停，右足移於6，成右弓箭步。手法同四式。（乙）右足移於6，手法同四式。（乙）右足移於6，手法同四式。再由5落於7，由6移於2，再由7至於即3，往來拗步，轉走不斷，再加上盤形成八卦九宮之象。換手在6與5或3與2提足落地時

第十八圖

第十九圖

換之，手法與原地推手、合步推手相同。故不贅述如第十八圖。

大攦推手　一式

【動作說明】上場二人對立。（乙）以右手背反擊甲面右側。（甲）即以右手掤合起勢。

（甲）承上場式攻乙，右腿不動，微彎站穩，左足上步提起。同時，以右手採住乙右手腕左手擠於乙右大臂上成小攦形。（乙）右腿坡直，足尖上翹成坐勢。同時，右手微向內粘連牽引，左手提於燕窩，兩膀圓撐。甲乙互相注視兩手。如第十九圖。

大攦推手　二式

【動作說明】（甲）承上式不停，右足前進一步成左弓箭步。右手仍攏乙右手腕，左手往前擠按。（乙）被甲

第二十圖

擠身往後撤，右足由左腿後倒插一步，左足不動，足尖外撇，項頸含胸。同時，右手用外纏絲粘連攦去來勁，手心向上，左手仍守燕窩，兩膀圓撐。（甲）（乙）互相注視兩手。如第二十圖。

大攦推手　三式

【動作說明】（甲）承上式不停，粘隨右足前進一步，左足再進一步，踏在乙襠內，右足隨即提起。同時，兩手不動，粘隨前擠。（乙）左

第二十一圖

足向後倒退一步，右足隨之提起。同時，右手不動，粘連後攌，經過老龍舒筋翻手還擠。(甲)左大臂上，左手反採攏住甲左手腕，成小攌形。(甲)(乙)互相注視兩手。以下(乙)用擠按貼隨攻甲。(甲)又粘連攌退，柔化來勁。步法前進後退，左右相同。往來擠攌，循環不斷。此謂大攌。如第二十一圖。

大攌推手換手

【動作說明】承上式不停，(乙)攻甲與前三式甲攻乙圖相同。(乙)攻甲至原地。(甲)即反採換手。(甲)以右足提，往前踏於乙右足內，前弓成右弓箭步。同時，左手反採乙左手腕攏住，右手翻出搭擠乙左大臂

第二十二圖

上。（乙）被甲擠重點移於左腿，後坐成坐勢。左手用外纏線粘連攌引至胸前，右手提於左燕窩，兩膀圓撐。（甲）（乙）互相注視兩手，如第二十二圖。以下（乙）即反採甲手，換手換步，掉走斜角。換手換步，甲乙任意施行，走艮坤斜，或走乾巽斜都可，切無固定拘執某人先換手，先走某斜角。推演時總以走成四正四隅大攌方為完成。

【附註】凡推手由搭手起，或原地合步，至九宮推手循序漸進，無躐等之弊。至大攌為推手大成，皆以求懂勁也。大攌前進後退，三步往來，黏隨粘連，換手換步，演成四正四隅，五行八卦盡在其中矣。

太極點按擒拿秘訣法

五行八卦十二時方位圖

太極點按擒拿法說略

太極拳點按擒拿等法為太極拳上乘功夫，技術微奧，筆不能宣。先師遺言，非得其人，不能輕傳妄授，蓋恐傳非其人，流毒社會，敗德喪名，以遺先師，羞本人。

所傳點按秘訣人身穴道圖等，其意義在示知人身處秒都有關竅穴道，切勿輕舉妄動，或在玩笑之間舉手損傷人體，或摧殘人命，以致身敗名裂，豈不以修德養身之術而成為傷人害己之術也？可不慎哉。

太極點按擒拿秘訣

神袖十二法　秘密人少知　太極按身位　陰陽交化機
全憑真子午　辨別事兼非　陰陽分上下　手到定分明

陰進陽必出　莫被他人乘　點按分輕重　擒拿莫放鬆

若問理何在　酸痲即是穴　先師真口訣　千金莫輕傳

太極點按擒拿法歌

人身上下分三部　穴有一百單八名　三十六處天罡穴

七十二處地煞星　拿手自有三十六　起死回生三把真

點法內分十二時　陰陽手法定分明　凡穴自隔二寸五

三寸五寸是真傳　此是先師真口訣　變化無窮妙更生

太極點法歌訣

左腿略彎右腿鬆　雙目緊匕觀其胸　周身莫用似草力

出手尋方步移從　懈又懈來鬆又鬆　我手不動似病翁

進點其指春雷動　四海之內稱英雄

點按擒拿七訣歌

子午真訣神莫測　封閉玄機鬼魅驚　子午鉤回擒拿訣
箝住來人莫放鬆　食指單出金針訣　陰進陽出敵膽驚
太極錘名珠子訣　點擊手法莫輕用　食指拇指似月彎
閂子鎖口命歸陰　太極掌名五虎訣　反背陰陽不留情

七訣名稱

子午訣　擒拿訣　金針訣　珠子訣　閂子訣　五虎訣　反背陰陽訣

手指屬五行訣

食指屬肝木，木為春令，春主發生，故食指象春主動。

中指屬心火，火為夏令，中指特長，故象夏日長。

無名指屬肺，金金為秋，令能坐享秋成，故象秋主福。

小指屬腎水，水為冬令，小指短，故象冬日短。

大指屬脾土，土主旺運，用四時與四指配合，故能拿物。

面上屬五行

左顴屬東方甲乙木。按：人身左邊受點按，傷重左顴色必發青。

右顴屬西方庚辛金。按：人身右邊受點按，傷重右顴色必發白。

天庭屬南方丙丁火。按：人身上部受點按，傷重天庭色必發紅。

地頦屬北方寅癸水。按：人身下部受點按，傷重地頦色必發黑。

鼻子屬中央戊己土。按：人身中部受點按，傷重鼻子色必發黃。

七竅屬五臟

兩眼精華屬肝木。如被點傷左乳下血門穴，兩眼直視，目不轉睛。

兩耳斗深屬腎水。如被點傷命門穴，兩耳即發響如雷。

舌音丹田屬心火。如被點傷包絡穴，則舌尖不能反音。

鼻通清氣屬肺金。如被點傷右乳下氣門穴，鼻竅閉塞，呼吸不流通。

口似訥容屬脾土。如被點傷死門穴，口唇不動。

以上五穴被點過重，則發生此等現象，即不能救。切須注意，萬勿在無意中走手，摧殘人命，以遺身累。

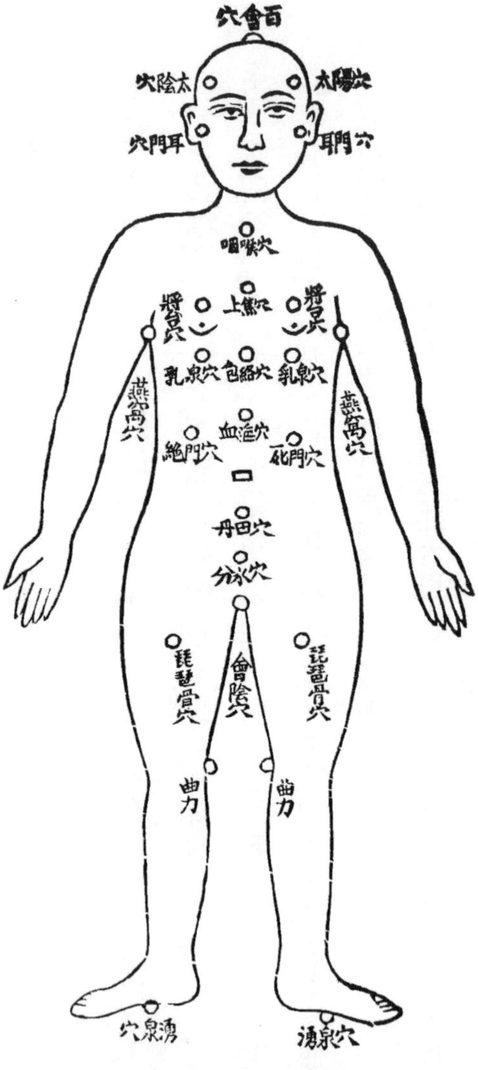
百會穴
太陰穴
太陽穴
耳門穴
耳門穴
咽喉穴
將台穴
上焦穴
將台穴
乳泉穴
包絡穴
乳泉穴
燕窩穴
燕窩穴
血海穴
絕門穴
死門穴
丹田穴
分水穴
琵琶骨穴
會陰穴
琵琶骨穴
曲力
曲力
湧泉穴
湧泉穴

三十六天罡穴圖

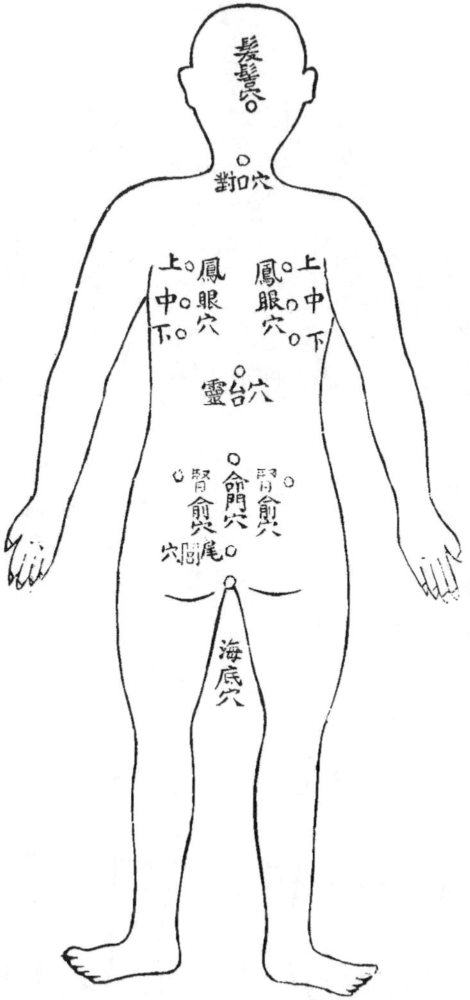
髮髻穴
對口穴
上
中
下
鳳眼穴
鳳眼穴
上
中
下
靈台穴
腎俞穴
命門穴
腎俞穴
穴閭尾
海底穴

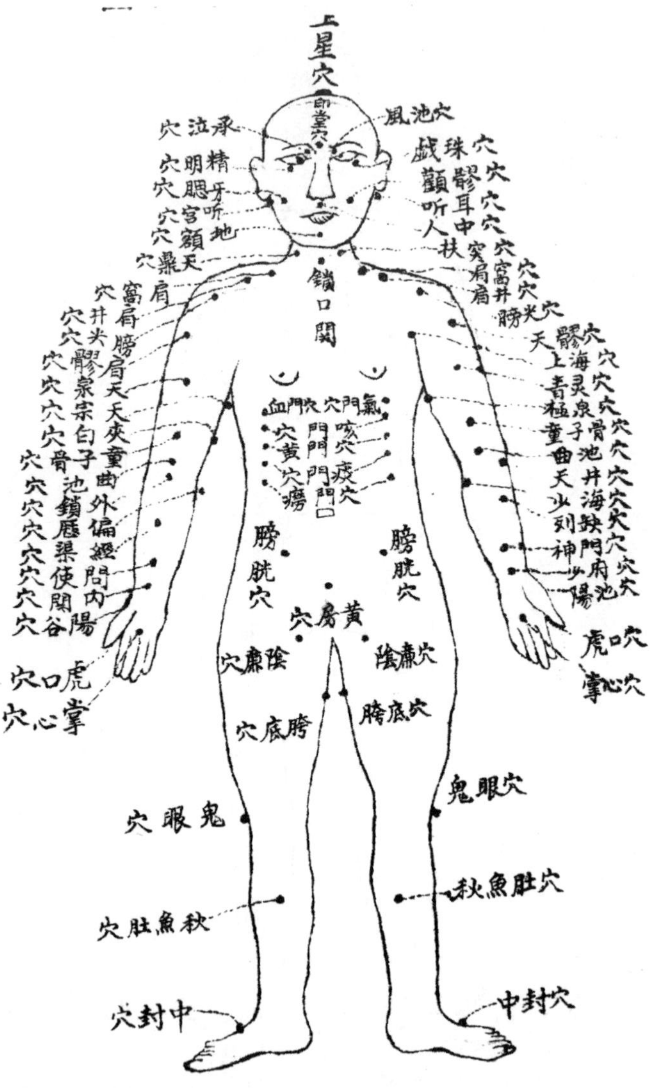
上星穴
印堂穴
風池穴
承泣穴
精明穴
鎖口關
膀胱穴
膀胱穴
黃房穴
陰廉穴
陰廉穴
胯底穴
胯底穴
虎口穴
掌心穴
虎口穴
掌心穴
鬼眼穴
鬼眼穴
秋魚肚穴
秋魚肚穴
中封穴
中封穴

七十二地煞穴圖

太極拳用功法

太極練功在靜處用功，不可在外人面前賣弄精神，誇耀自己武藝，方能鞭策自勵。聖人云：百功在濟，以成其事。君子得之致其道，不具得之喪其命。可不慎歟。

太極拳著解

人之一身心為主，而宰乎肉。心者謂之道心，即理心也。然理中能運動者謂之氣，其氣即陰陽五行也。然氣非理無以宰，而理非氣無以行，故理與氣不相離而相附。此太極根無極者然也。

天之生人，即以此理此氣生於心，待其稍有知識，而理氣在人心者渾然無跡象，然心之中或由內發或由外感而意思生也。

當其未生，渾渾混混，一無所有；及其將生，其意微乎其微，而陰陽之理存乎其中。順其自然之機，即心搆形仍在人心之中，即中庸所謂未發也。

及其將發，而心中所搆之形，星之於外，或上或下，或左或右，或前或後，或偏或正，全體身法無不俱備。當其未發搆形之時，看其意像什麼形即以什麼命名，亦隨意拾取，初無成心，是時即行命名之謂著。

而每著之中，五官百骸順其自然之勢，而陰陽五行之氣運乎其中，所謂動則生陽，靜則生陰；一動一靜，互為其根，是所謂陽中有陰，陰中有陽，此即太極拳之本然。

如以每著之中，必指其何者為陽，何者為陰，何者為陽中之陰，何者為陰中之陽，此言太滯，言之不勝。其言即能言，亦不無遺漏，是在學者細心揣摩。日久自悟。

前賢云：能與人規矩，不能使人巧。舉一反三，在學之者不可執泥，亦不可偏狃矣。

太極拳用說

五行生剋無處不有，無時不然。如兩人交手，敵以柔來者屬陰，當以陽剋之；屬水，當以火剋之。此當然之理，人所易知者也。

獨至於拳則不然，運用純是經中寓權，權不離經。何言乎爾？

彼以柔來者，是先以柔精聽我如何應答，而後乘隙擊我。我以剛應，是我正中其謀愚莫甚也。

問該如何應答？彼以柔法聽我，我以柔法聽彼。拳各有界，彼引我進，我只可至界邊，不可再進，再進則失勢。如曰不入虎穴，焉得虎子，是以一勇者之論，非為常人說法也。即幸命中，亦為涉險。

問該如何處置？如彼引吾進，未出吾界即變為剛，是彼懼我。而變柔為剛是不如我者，我當以柔剋之，半途之中生此變態，我仍是以柔道之引至落空時擊之。

如彼引我已至吾界，是時正宜窺彼之機勢，覘彼之形色，度彼之魄力，如有機可乘，吾即以柔者忽變而為剛擊之。此謂以剛剋柔，以火剋水。如彼中途未變其柔，交界之際強為支架，亦宜擊之。

如彼引我至界無隙可乘，彼之柔精如故。是勁敵也，對手也。不可與之相持，吾當退守看吾門戶。先時我以柔進聽之者，至此吾仍柔道聽之，漸轉而退，仍以柔道引之使進。彼若不進是智也。

彼若因吾引而遽進，誤以我怯貿貿然，或以柔來，或中途忽以柔變為剛來，我但稍底其手，徐徐引之使進，且令其不得不進，至不得勢之時，彼之力盡矣，彼之智窮矣，彼之生機更迫促矣。是時，我之柔者忽

變而為剛，並不費多力，一轉即剋之矣。

是時，彼豈不知孤軍深入，難以取勝然？當是時悔之不及，進不敢進，進亦敗；退不敢退，退亦敗，即不進不退亦至於敗。蓋如士卒疲弊輜重皆空，惟束手受縛降服而已矣。

何能為哉。擊人之妙全在於此。此之謂以柔克剛，以火剋水，仍是五行生剋之道也。

天一生水，水外陰而內陽，外柔而內剛，屬腎。其以柔進如水之波流旋繞不先，尚其力用其智也。地二生火，火外陽而內陰，外剛而內柔，在人屬心。水火有形而無質。天三生木，地四生金。剛有形有質矣。天五生土，水火勢均者不相下。言以勝水者，以火之多於水者言之耳。

彼以柔進忽變而為剛者，是水之所生之木也。木陽質也，即水中之陽性因滋以成質也。水與木本自一串，故柔變剛最易，以其形與質皆陽也。上言以火剋水，蓋以火能生土，土能生金。火外明而內暗，陰性也，金陰所成之質也。

木在人屬肝，金在人屬肺。天下能剋木者惟金。金與火皆陰類也。所言以剛剋柔者是以火剋水，金剋木也，是以其外者言之。火性激烈，金質堅硬，心火一起，脾氣動也。怒氣發洩於外有聲可聽，金之為也。脾氣動則我之肝與腎無不與之俱動。雖曰以剛剋柔，其原實是以柔剋剛。蓋彼先柔而後剛，我是柔中寓剛，內文明而外柔順，故剋之。

若彼先以剛來，則制之，又覺易。易何言之？如人來擊我其勢甚猛，我則不與之硬頂，將肱與身與步一順，身卸下步，手落彼之旁面，讓過彼之風頭。彼之衝，銳氣直往前衝，不顧左右，且彼向前之氣力陡然轉之左右甚不容易。我從旁擊之，以我之順力擊彼之橫力，易乎不易？曰

克剛易克柔難。

太極拳界限說

何謂界限？凡分茅胙土設官分職以及動靜語默，莫不各有界。一踰一失言即過界。過界即與人有干涉矣。凡事如此，況拳乎？如人之行步，儘足可開二尺五寸，此勉強為之，非天然也。天然者，隨便行步約不過一尺一二寸，上體之手與下體之足趾齊此，即是界限。

大約胳膊只展四五分，內精只有一半，足步只開尺餘，如此則一足之上下左右，循環環周轉，無不如意，蓋動不越界。如將士在本界內，山川地理人情風俗一一了亮於心，故進攻退守綽有餘地。一入他人界裡，處處更得小心防護，稍有不密，即萌失敗之機。此君子所以思不出

其位也。

打拳原為保身之計，故打拳之時，如對敵入長進愈快，然又恐啟人爭鬥之心，故前半套多言規矩，不言其用；至後半套方始痛快言之，以示其用之之法。然第可知之，不可輕試。如不獲，已為保性命計，用之可也。大約此拳是個人自要之勢，徒手空運，非有敵人在其前後左右，自己下功夫，遍數愈多愈好，根固而枝葉榮，況衛生保命之道莫善於此。學者但先難，至於後獲則當置之度外，不可以毫髮望效之念中，分吾專心致志之功。金針已渡，學者勉旃。

太極拳爭走要訣

兩人交手各懷爭勝之心，彼此擠到十分九釐地位，只餘一釐分勝負，全在此一釐地位。彼先佔據，我即失敗；我先佔據，彼亦失敗，蓋

得勢不得勢全繫於此，此兩人俱到山窮水盡也。

當此際者該之如何？曰：必先據上游。問如何據上游？頂精領住中氣，手略提高，居於敵手之上；身略前侵，逼迫彼不得勢；力貫迅發，機貫神速，一遲即失敗，一迅即得勢，則手一前破竹不難矣。如兩人對弈棋到局殘，勝負在此一步；又如逐鹿，惟高才捷足者先得之；又如兩興兵，先奪其輜重糧草，此皆據上游，鹽腦之法也。故平素打拳，全在一起一轉，所謂得勢爭來脈，出奇在轉關。

本勢手將起之時，必先使手如何承住上勢，不令割斷，神氣血脈既承接；之後必思手如何得機得勢，轉關自然靈動。能如此，他日與人交手，自能身先立於不敗之地，指揮如意，來脈轉關，顧可忽乎哉。

余奔走各省，得異人驗人生死跌打損傷或傷諸穴等秘方，屢試奇效，不自珍秘，故贅述書末，刊以傳世，非敢云濟世活人，亦不過聊盡

寸心云爾。

試知百病生死法

疾病非名醫不能決其吉凶，非神聖不能洞其機關。予得呂祖一枝梅真仙傳也。

●呂祖一枝梅

歌曰：呂祖傳授一枝梅　巴豆靈脂蓽麻子
　　二硃共雄麝胭脂　餅貼印堂識生死

專治大人男女小兒新久諸症，生死難定之間，用藥一餅貼印堂中，點官香一枝，香盡去殊以後一時許，貼藥處有紅斑暈色，腫氣飛散，謂之紅霞捧日。病雖危篤，其人不死。如貼藥處無腫無紅，皮肉照舊不變，血肉已死。故如此謂之白雪滿野，病雖輕淺，終歸冥路。小兒急慢驚風，一切老幼痢疾，都能貼驗預知也。

硃砂三錢，銀硃一錢五分，五靈脂三錢，麝香三分，蓖麻仁五分，雄黃五錢，巴豆仁五錢不去油。

以上各藥於端午日午時在淨室中共研細末，加油胭脂為膏，用瓷盒收藏。勿經婦女手。臨時用豆大一圓捏餅貼印堂中，其效立見。用過將餅送入河中。

●止血補傷丹

歌曰：補傷丹內用南星　添上防風用已靈
況有芷麻羌白附　破傷風藥此爲精

專治破皮傷風、牙關緊急、角弓反張，甚則咬牙縮舌。

藥用南星、白芷、天麻、羌活、防風各壹兩，白附子十二兩。

俱生曬。勿犯火。研細末。每服二錢，熱酒一杯調服。更敷傷處立能止血定痛。若牙關緊急、角弓反張者，用熱童便調服二三錢，雖內有瘀血亦癒。至於昏死，心腹尚溫者，連進二服，亦可保全。若青腫不破者，水調服之即效，亦不忌風。故為金刃跌打最妙之藥。

●達摩金剛丹

專治跌打諸穴。共為細末，每服三錢，宜用童便酒調服。

麝香三分，血竭三錢，土別三錢，地龍二錢，海馬三條，乳香三錢，沒藥三錢，兒茶三錢，三七三錢，自然銅三錢，用童便煆七次。

●又跌打湯藥方

當歸三錢，紅花三錢，桃仁三錢，三七三錢，海馬三條，六汗三錢，川羌三錢，獨活三錢，桂枝三錢，牛夕三錢，川朴三錢，三棱三錢，廣木香三錢，水煎童便酒引。

●又敷藥方

專治各穴跌打等傷，宜用此方敷之。

生川烏三錢，生草烏三錢，生半夏三錢，生南星三錢，生枝子三錢，白芥子三錢，薑黃三錢。共為細末以蔥薑捶爛敷患處即癒。

●又重要敷藥方

蓖麻仁三十粒，巴豆仁三十粒。用酒和蔥薑捶爛敷足心即癒。

●又跌打青腫敷藥方

紅花一兩，桃仁一兩，五加皮一兩，共為細末，以酒調和敷傷處，對時即癒，其效如神。

●跌打損傷藥酒露

專治筋骨或內部受損傷，宜用此方治之。

當歸、川芎、白芷、黃芪、黃檗、杜仲、牛夕、山甲、紅花、桃

仁、三七、乳香、沒藥、土別、兒茶、枝子、南星、草烏、甘草、五加皮各三錢。浸酒十斤，外加紅糖。七日後服用，每服三錢至五錢。

●跌打吐血方

乾荷花、荷葉焙乾為細末，用童便調服，一日服二次或三次，定有奇效、青腫方以整塊生大黃與薑汁磨融敷傷處，一日一換，其效如神。

●止血神方

專治跌打損傷出血者，用萆麻油調和敷傷處；未出血者，以酒調和敷傷處，均有奇效藥用。

防風一兩，白芷一兩，赤芍一兩，羌活一兩，明天麻一兩生，南星一兩炒。共為細末。

●專治火燒方

青黛一兩，以萆麻油調塗，立見奇效。

●消疔簡便方

歌曰：消疔簡便藥二般　蔥白七莖和白礬
每服三錢溫酒下　如湯潑雪勝靈丹

專治疔瘡及諸惡毒初起但未成膿者。白礬末三錢，蔥白七莖。以上二味共同搗爛，分作七塊，每塊用熱酒一杯送下，服畢用厚被蓋之，再吃蔥白湯一盅。少頃，汗出如淋，從容去其覆被，其痛苦失。此雖味澀難服，其效神妙，出人意表。

中華民國卅六年二月出版

太極蘊眞全册

（定價國幣　　圓）

著者　山東牟平宋史元

校正　河北定縣陳文惠
山東海陽姜春霆
山東沂水劉友三

印刷者　青島新華興印書館
滄口路五七號
電話二・二六七八

總發行所　青島敬修書局
芝罘路一號
電話二・六六五四轉

全國各大商埠書局均有代售

彩色圖解太極武術

定價220元

定價220元

定價220元

定價220元

定價350元

定價350元

定價350元

定價350元

定價350元

定價350元

定價350元

定價350元

定價350元

定價220元

定價220元

定價220元

定價350元

定價220元

定價350元

定價350元

定價220元

定價220元

定價220元

養生保健 古今養生保健法 强身健體增加身體免疫力

太極武術教學光碟

太極功夫扇
五十二式太極扇
演示：李德印 等
(2VCD)中國

夕陽美太極功夫扇
五十六式太極扇
演示：李德印 等
(2VCD)中國

陳氏太極拳及其技擊法
演示：馬虹(10VCD)中國
陳氏太極拳勁道釋秘
拆拳講勁
演示：馬虹(8DVD)中國
推手技巧及功力訓練
演示：馬虹(4VCD)中國

陳氏太極拳新架一路
演示：陳正雷(1DVD)中國
陳氏太極拳新架二路
演示：陳正雷(1DVD)中國
陳氏太極拳老架一路
演示：陳正雷(1DVD)中國
陳氏太極拳老架二路
演示：陳正雷(1DVD)中國
陳氏太極推手
演示：陳正雷(1DVD)中國
陳氏太極單刀・雙刀
演示：陳正雷(1DVD)中國

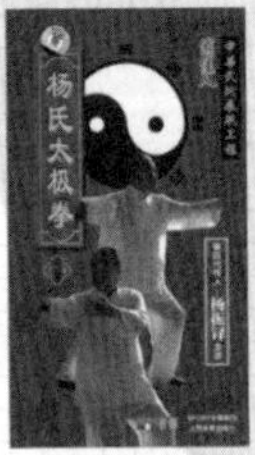

楊氏太極拳
演示：楊振鐸
(6VCD)中國

本公司還有其他武術光碟
歡迎來電詢問或至網站查詢
電話：02-28236031
網址：www.dah-jaan.com.tw

原版教學光碟

歡迎至本公司購買書籍

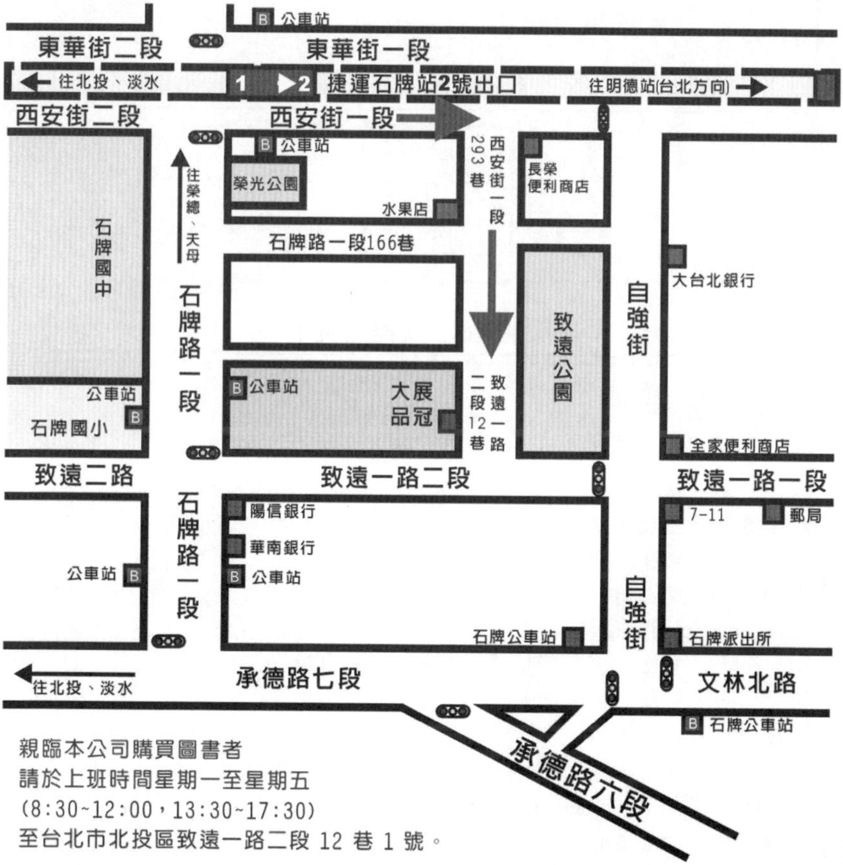

親臨本公司購買圖書者
請於上班時間星期一至星期五
(8:30~12:00，13:30~17:30)
至台北市北投區致遠一路二段 12 巷 1 號。

建議路線

1.搭乘捷運・公車

淡水線石牌站下車，由石牌捷運站 2 號出口出站(出站後靠右邊)，沿著捷運高架往台北方向走(往明德站方向)，其街名為西安街，約走100公尺(勿超過紅綠燈)，由西安街一段293巷進來(巷口有一公車站牌，站名為自強街口)，本公司位於致遠公園對面。搭公車者請於石牌站(石牌派出所)下車，走進自強街，遇致遠路口左轉，右手邊第一條巷子即為本社位置。

2.自行開車或騎車

由承德路接石牌路，看到陽信銀行右轉，此條即為致遠一路二段，在遇到自強街(紅綠燈)前的巷子(致遠公園)左轉，即可看到本公司招牌。

國家圖書館出版品預行編目資料

太極蘊真 ／ 宋史元　著
——初版，——臺北市，大展，2012〔民101.12〕
面；21公分 ——（老拳譜新編；12）
ISBN　978－957－468－918－7（平裝）
1.太極拳
528.972　　101020428

太極蘊眞

著　　者／宋 史 元
校 點 者／常 學 剛
責任編輯／王 躍 平
發 行 人／蔡 森 明
出 版 者／大展出版社有限公司
社　　址／台北市北投區（石牌）致遠一路2段12巷1號
電　　話／（02）28236031・28236033・28233123
傳　　眞／（02）28272069
郵政劃撥／01669551
網　　址／www.dah-jaan.com.tw
E-mail／service@dah-jaan.com.tw
登 記 證／局版臺業字第2171號
承 印 者／傳興印刷有限公司
裝　　訂／建鑫裝訂有限公司
排 版 者／弘益電腦排版有限公司
授 權 者／山西科學技術出版社
初版1刷／2012年（民101年）12月

定價／280元

大展好書　好書大展
品嘗好書　冠群可期

大展好書　好書大展
品嘗好書　冠群可期